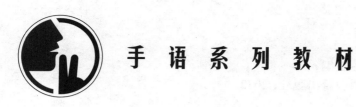
手语系列教材

中级
手语翻译教程

主　　编　肖晓燕

本册编写　刘可研　徐　聪　潘　丽　谢小楠

手语模特　周　旋　徐　林　卢　苇　易思雄
　　　　　周艳艳　刘　迪　曹小超　闫明明

视频制作　手之声信息科技有限公司

上海外语教育出版社
外教社 SHANGHAI FOREIGN LANGUAGE EDUCATION PRESS

图书在版编目（CIP）数据

中级手语翻译教程 / 肖晓燕主编；
刘可研等编. -- 上海：上海外语教育出版社，2022
手语系列教材
ISBN 978-7-5446-7115-6

Ⅰ.①中… Ⅱ.①肖… ②刘… Ⅲ.①手势语—翻译—教材
Ⅳ.①H026.3

中国版本图书馆CIP数据核字（2022）第013614号

出版发行：**上海外语教育出版社**
　　　　　（上海外国语大学内）邮编：200083
电　　话：021–65425300（总机）
电子邮箱：bookinfo@sflep.com.cn
网　　址：http://www.sflep.com
责任编辑：蔡丹丹

印　　刷：上海信老印刷厂
开　　本：850×1168　1/16　印张 9　字数 224千字
版　　次：2022 年 11 月第 1 版　2022 年 11 月第 1 次印刷

书　　号：ISBN 978-7-5446-7115-6
定　　价：48.00元

本版图书如有印装质量问题，可向本社调换
质量服务热线：4008-213-263　电子邮箱：editorial@sflep.com

《手语系列教材》

主　　编： 肖晓燕

本册编写： 刘可研　徐聪　潘丽　谢小楠

手语模特： 周旋　徐林　卢苇　易思雄　周艳艳　刘迪
　　　　　　曹小超　闫明明

视频制作： 手之声信息科技有限公司

序 一

衷心祝贺国内第一套手语翻译系统教程出版！

厦门大学肖晓燕老师主编的"手语系列教材"即将出版，消息传来，我倍感激动。抗击新冠病毒疫情阻击战打响以来，天天在电视上看到国内外大小新闻发布会上不同民族、不同国度、不同性别和不同年龄的手语翻译向聋人受众传达人命关天的防控消息，作为一个翻译人，突然感到手语翻译此时无比重要，无比光荣。

试想，在中国就有2000多万聋人，全球更是多达4.66亿。听觉视觉没有问题的人遇到不知道的问题，可以通过视听和阅读两种渠道获取信息。在疫情面前，聋人自然成为弱势群体，手语翻译对于他们了解疫情防控至关重要。

作为国内出版的第一套从翻译学视角编写的手语翻译系统教程的编写者，肖晓燕老师一直令我敬佩。她出于大爱之心和对学问的专注追求，潜心学习和研究，在厦门大学开设了手语相关课程，并探索汉语–英语–中国手语的三语翻译教学。肖老师作为一名英语教师和翻译家，本来功成名就可以更加轻松地过日子，但是为了推动手语翻译教育，她2012–2013年作为中美富布莱特研究学者专程到美国加劳德特大学进修，观摩这所世界知名的手语研究院校手语翻译专业的本科、硕士和博士阶段的教学，并且跟堂上课，专心研究美国手语翻译人才的培养模式，成为我国翻译界为数不多的潜心研究手语翻译的学者。十多年来，她耐得住寂寞，吃得了辛苦，在厦门大学开设手语课程，探索中国培养手语翻译人才的道路，引起学术界的高度赞赏。现在又和团队推出了《手语轻松入门》《初级手语翻译教程》《中级手语翻译教程》《高级手语翻译教程》整套教材。这是国内首套从翻译教育框架进行手语翻译人才培养的系统教材，对社会贡献巨大，对手语人才培养意义深远，令人敬佩，值得祝贺！

大概是出于长期从事翻译工作的原因，我对手语翻译一直有浓厚的好奇心。在泰国举办的一次国际翻译会议上，看到来自不同国家的手语翻译同泰国不同民族的手语翻译在诗琳通公主面前切磋手语翻译的奥妙和疑难，我浮想联翩。我那时感到，手语翻译在国际上是门大学问，涉及全人类的有效沟通，用当今的语言来说，就是构建人类命运共同体的一个重要环节。我曾经向中国残联的朋友请教过，他们在国际上交流广泛，也深深感觉到手语翻译特别是国际手语翻译人才培养的迫切和重要。但我们必须看到，手语翻译教育在世界上很多地方，包括我们国家，还显得关注度不够。

十多年前在一次全国政协会议上我有幸与邰丽华委员并排而坐。在人民大会堂召开政协大会时，委员们按照界别而坐，我当时在对外友好界别，我右侧从前到后都是残疾人委员。我参会还有一个额外任务，就是帮助我们中国网的记者联系采访对象。那个时候，邰丽华主演的《千手观音》感动了千万观众，在世界上备受关注，风靡一时。那一刻，我很想跟邰丽华委员交流，邀请她接受我们的采访，但是我苦于不会手语，连"你好"的手语都不会，一时倍觉尴尬。经过一番折腾，最终还是在大会给残疾人委员们安排的一位手语翻译的帮助下才得以成功邀请邰丽华委员到中国网设在人民大会堂的演播室对她专访。如果在此之前，能有机会上过肖老师的课，或者读过肖老师的著作，多少学会一点儿手语，工作起来就会方便多了。

我遇到的这种困难和尴尬估计许多人也遇到过。现在这个困扰我们的问题终于有了破解途径。肖老师的这套教材来自于她对国际和国内手语翻译教育的研究和了解，来自于她自己多年的实践，又经过她和团队在课堂里的试用，根基牢固。教材由浅入深，环环相扣，特别是考虑手语学习的难点，采用了扫码看视频和图文并茂的方式。每一册15个单元，涉及学习者生活工作的各种场景，正好使用一个学期，实惠好用。更为重要的是，这套教材既可以在专业课程上使用，也可以供有兴趣的人补充自己的知识空白，了解手语翻译的奥妙，系统学习手语。

在这里，还应该衷心感谢上海外语教育出版社的同仁们。他们着眼我国的残疾人教育事业，重视满足社会需求，努力服务于人类发展，不追求名利，牢记自己的社会担当，出版这样一套社会急需的手语翻译教材。

教材的出版让我们有了更多的期待。南京特殊教育师范学院已经率先开设了国内首个本科手语翻译专业，全国各地许多学者都在探讨开设手语翻译硕士教育专业的可行性。手语翻译人才培养无疑十分迫切，但是这需要成建制的教师队伍，需要实用适用的教材。肖老师主编的这套教材的出版让我们看到了未来的希望和美好的前景。

相信在肖老师的开创下，有上海外语教育出版社的鼎力支持，这套教材的出版必将把手语翻译教育提到一个前所未有的高度，开辟出中国手语翻译的一片新天地。

黄友义
全国翻译专业研究生教育指导委员会主任
中国翻译协会常务副会长
第十一、十二届全国政协委员
2020年5月

序 二

很高兴能为厦门大学肖晓燕教授主编的这套"手语系列教材"做序,感谢肖教授对我的信任!

随着社会文明和人们素养的日益提升,手语对于大家来说并不陌生。它是聋人朋友们和外界交流的方式,是一门独立成体系的语言,体现着思想交流和情感表达。用手语表达和沟通是聋人朋友参与社会生活不可缺少的形式。

70年代,当我还是孩子的时候,我在马路上跟同学进行手语交流对话,往往会引来路人既好奇又诧异的目光。被这样 "瞩目"多少让我和伙伴们感觉到不适和不自在。这种感觉直到现在还记忆犹新。但时至今日,无论走上街头,还是在商场或者咖啡厅这样的公共场合,我们都可以毫无顾忌地使用手语。大家自信而快乐地用自己的"语言"进行交流,内心的明媚无以言表。

2019年国庆节的前夕,中国残疾人艺术团接到国庆联欢晚会演出的通知。这是建国70年以来首次在这样的场合以特殊艺术表演形式(手语表演)来表达我们对祖国的祝福。当时我们每个人内心都十分激动,我们感受到了党和国家对残疾人群体的关爱和重视。在这举国欢庆的重要时刻,作为中华儿女的一份子,我们可以用我们特殊的方式——手语——向伟大祖国母亲献礼,献上我们最最诚挚的祝福。每次排练,我们内心都无法平静,每一次的演绎都让我们有不一样的感受和体会。正如《天耀中华》歌词中所唱的:"我是多么幸运,降生在你的怀里。"每次用手语诠释这句歌词的时候,我都会热泪盈眶。

我经常带着中国残疾人艺术团出国演出，也看到了国外很多优秀的专业手语翻译员。他们出色的翻译让更多外国人能欣赏我们的演出，了解中国残疾人的艺术才华。近年来，党和国家对残疾人事业的发展格外关心、关注。越来越多的朋友想了解并学习手语和手语翻译，想更好地服务于各行各业的聋人朋友们，为他们搭建一个无障碍沟通的桥梁。随着国家文明程度的提高和社会经济的快速发展，聋人平等参与共享的机遇越来越多。全社会的理解和包容，以及高质量的手语翻译服务，让我们有尊严并幸福快乐地生活着。

　　肖教授是翻译专业的教授。她潜心研究手语翻译十多年，非常了解聋人的翻译需求以及目前国内手语翻译学习存在的短板。她的编写团队既有经验丰富的手语翻译员，也有优秀的聋人教师。我相信肖教授主编的这套手语系列教材是培养优秀手语翻译员不可多得的宝贵资源，必将是聋人与健听人沟通天地间最为浓墨重彩的一笔，必将为聋人与健听人之间的沟通起到更为有力的推动作用。

　　我更加相信，在大家的关爱和关心下，我们的世界不再沉寂！

邰丽华

中国残疾人艺术团团长

全国青联副主席

第十一届、十二届、十三届全国政协委员

2020年7月

前　言

　　本套手语翻译系列教材共分为初级、中级和高级三册，目标使用群体是有一定手语基础、或至少经过了《手语轻松入门》课程学习的手语爱好者和手语翻译专业学生。希望通过三册翻译教程的学习和训练，学员不仅可以进一步快速提升自己的手语理解（即看话）和表达能力，更重要的是训练手语翻译转换能力。编者希望这三本翻译教程和《手语轻松入门》一起，为手语学习者打造从入门进阶至高级的一站式解决方案。

　　本套手语翻译丛书充分遵循翻译教与学的内在规律，按照手语翻译经常遇到的场景、题材和话语类型进行选材，编排谨遵科学进阶原则，全书编写有以下几个突出特点：

1. **深厚的翻译理论支撑和引领**：全套书的编排基于编者多年来在翻译和翻译教学理论方面的积淀。每课都以翻译理论的讲解开篇，初级和中级共30篇科普性的理论文章，系统讲解了手语翻译员应该了解的基本翻译概念和理论；高级教程中的理论主线则是围绕传译训练中的理解、记忆和表达三大块核心技能来展开的。

2. **翻译场景和题材基于真实性**：三本翻译教程中选择的翻译场景都基于编写团队前期所作的充分调研，根据聋人最需要手语译员的场合以及手语译员最经常翻译的场合进行选取和编排。书中的对话和手语语篇都选自真实生活场景，多数来自聋人的原创语篇，因编排需要进行了一定的难度控制和改编。

3. **严格遵从循序渐进原则**：全套书的练习材料由浅入深，由易到难，由日常话题到专业话题。全部语篇都经过了严格的难度和长度控制，比如口译手的语篇长度从初级的150-300字，到中级300-450字，而高级语篇则控制在大约400-550字。

4. **专业制作的优质视频**：全套书按照高水准要求在专业的摄影棚拍摄，手语模特均为全国各地优秀的聋人手语使用者。在尽量使用国家通用手语词汇的同时，兼顾到不同地域和不同个性的手语特色，让学习者多接触、多练习，看懂原汁原味的聋人手语。

5. **环环相扣，精准衔接：** 在编写过程中，初级的最后一课和中级的第一课语篇难度对应，中级的最后一课和高级的第一课难度对应，以确保三本书的使用能够顺利衔接，自然进阶，使用者不会有难度上的跳跃感和不适感。

6. **提供参考译文：** 有过翻译学习和教学经验的人都知道，翻译没有唯一的标准答案，而是可以有不同的译文版本。全套书的所有对话和语篇翻译练习全部都有参考译文，且手语译文都是由手语为母语的聋人模特提供的。相信对于学习者来说，这些译文会有很好的参考价值。当然学习者也可以提出自己的甚至更好的翻译版本。

每册书分为15个单元。初级和中级教程每个单元都包含了五个板块：

第一板块是手语翻译理论讲解。这部分介绍手语翻译相关的基本概念和理论，让学习者通过使用教材对翻译的基本概念和理论有一个正确的认识，纠正手语翻译中存在的一些误区。

第二板块是译前准备。这个板块包括知识准备和词汇准备两个部分。这个板块的设置目的是提示学习者，每次具体的翻译任务前，都需要进行必要的知识更新和词汇扩展。

第三板块是对话传译。对话传译是一种互动性很强的双向传译，和语篇发言这样的单向传译面临的挑战并不相同。它也是译员经常需要面对的话语类型，因此也是训练的重点。

第四板块是语篇传译。每课包括手语口译及口语手译各一篇。本套书强调两个方向的传译比重应保持平衡，不能过分强调一个方向的翻译而忽视另一个。虽然对于很多学习翻译的听人学生来说，手语是弱项，但是训练中不仅应关注口语手译的练习，也应该重视训练学生看懂手语的必要性，还应该对学生译入口语的质量进行把关。

第五板块是参考译文。这个板块提供的参考译文虽然并不是唯一的标准译文，但希望能成为使用教材的老师和学生的得力帮手，尤其是手语译文都是由翻译能力较强的聋人模特提供的，可以给使用教材的师生一定的启发和借鉴。

高级教程的理论主线是围绕理解、记忆和表达三个核心技能构成展开的。每课在理论讲解后增加了技巧练习。这个部分练习以句子翻译为主，目的是为了让学习者巩固和消化该课讲解的技巧。高级教程没有对话传译，只有语篇传译以及参考译文。

本套书的对话和手语语篇全部可以通过手机扫描相应的二维码观看专业制作的配套高清视频，而口语手译的口语原文也可以扫描相应的二维码听到录音，方便学生练习时把控自己译入手语的速度和节奏。

本套书的编写团队是一支理论和实践经验都极其丰富的团队，既有在高校从事翻译教学和理论研究多年的教授，也有从事手语翻译工作实战经验丰富的一线译员，以及优秀的聋人手语使用者。编写团队从理论、实践两端把关，确保教材编写的科学性、专业性和实用性。

本套书的编写过程中，承蒙国家手语盲文中心主任顾定倩教授和王晨华老师提出了极为专业的改进建议。感谢中国聋人协会的大力支持以及手语委员会和手语翻译委员会的指导。同时也感谢厦门大学外文学院研究生李叶子、傅辰赟、周诗倩为教材的理论编写查找了大量资料。

本套手语系列教材适合作为高校开设手语翻译课程的教材使用，也非常适合有一定手语翻译基础的人自我提高，自学使用。

编者
2021年5月1日

目　录

第一课
看病就医

本课内容提要

一、**理论讲解**
　　传译理论介绍——释意论

二、**译前准备**
　　2.1 主题知识准备
　　　　看病就医中的双向交流
　　2.2 语言准备
　　　　就医相关的常用词句

三、**对话传译**
　　3.0 腰部疾患的就医咨询

四、**篇章传译**
　　4.1 手语口译
　　　　就医过程中的手语翻译
　　4.2 口语手译
　　　　高血压就诊前的准备

五、**参考译文**
　　3.0 腰部疾患的就医咨询
　　4.1 手语口译
　　　　就医过程中的手语翻译
　　4.2 口语手译
　　　　高血压就诊前的准备

一、理论讲解

传译理论介绍——释意论

释意论是对传译训练和实践有着深远影响的理论学派。20世纪60年代末，释意学派诞生于巴黎高等翻译学院（ESIT）。该学派将翻译看成一个交际过程，关注翻译过程的动态研究和意义传递。

释意学派认为翻译首先是人类的交际行为，人们说话的目的在于交际，因此信息都是以传递意义为目的的。在自然的交际活动中，语言的作用是工具，是媒介。因此，翻译的对象应该是信息内容，是意义本身，而不是语言形式。翻译时不能硬着头皮去找两种语言之间的对应关系，而应该摆脱语言外壳，努力用另一种语言把意义重新表达出来。翻译是理解和重新表达意义，而不是字对字的代码转换。

释意理论的核心主张是将翻译看作一个从言语到意义，再从意义到言语的过程。翻译过程分为三个阶段，即：理解——脱离源语语言外壳——用另一种语言表达。其中最突出的观点就是"脱离语言外壳"获得意义。

释意理论对传译教学产生了非常重大的影响，使得教学中的关注点从语言形式转向对意义的提取和表达。释意理论最早对口译教学产生影响，后来其影响力逐渐拓展到科技笔译、文学笔译等领域。这一理论对于手语翻译的教学和实践也有重要的启发和指导意义。

二、译前准备

2.1 主题知识准备

　　本课主题是看病就医。与医学相关的内容纷繁复杂，一直是手语翻译的难点。作为手语译员，需要在翻译前准备必要的主题知识，学习相关的医学知识，了解病人的基本情况，以便能在翻译时准确清晰地表述。同时，有了基本的医学知识，也能更好地理解医生所讲的内容，从而准确无误地将医生说的话告知聋人。

　　学习相关医学知识可以参考一些三甲医院的网页或权威网站，熟悉各科室的具体分类情况、常见病的相关介绍及问题解答等内容。

2.2 语言准备

　　请熟悉以下看病就医常用词句：

卧床休息

保守治疗

专家/专科会诊

既往病史

过……周再来复诊。

从B超/CT/核磁的检查结果来看……

就诊前是否服药/测量血压（血糖）？

三、对话传译

3.0 腰部疾患的就医咨询

情景介绍:

病人在医院与医生进行交流,请你为医生和聋人之间的对话做传译。

短语与句子:

请扫描二维码,提前熟悉对话中的短语和句子。

越来越痛

受影响

打封闭

做手术

办手续

卧床休息

保守治疗

缓解症状

后续的治疗

针灸、按摩都做过

我看了你的检查结果,我觉得你还是需要做CT

脊柱专科

传译练习:

请扫描二维码,根据视频内容进行传译练习。也可三人一组进行角色扮演,一位同学扮演聋人患者,一位扮演医生,一位为手语译员。

📖 **对话文稿**

医　生:看了你之前这些检查结果,我觉得你还是应该做一个CT,我们看看结果再说。

小　赵:但是|我|现在|感觉|痛疼|越来越|加重,越来越|疼痛,怎么办?

医　生:你现在走路受影响吗?疼吗?

小　赵:疼!三个月,越来越|重,刚刚|开始|疼痛|没有|奇怪。

医　生:你有没有卧床休息,接受一些保守治疗……比如说吃药什么的？

小　赵：我|卧床|休息|是！针灸|按摩|都|做过了。

医　生：那我建议你还是去脊柱专科看一下吧。我们可以先给你打封闭，这样可以缓解一下症状。

小　赵：现在|打针，下周|手术|可以？

医　生：这要看专科会诊的情况了。打完封闭如果能缓解，就不用着急住院、做手术了。

小　赵：我|希望|手术，好。

医　生：(指手语翻译)那让你的朋友帮你去办一下手续吧。

小　赵：我|朋友|手语翻译|是。我|很快|联系|亲戚(家人)|来|签字，可以？

医　生：好啊。如果是家人的话，我们还可以商量一下后续的治疗情况。

小　赵：谢谢。

四、篇章传译

4.1 手语口译

● 就医过程中的手语翻译

情景介绍:

从聋人视角讲述就医时手语翻译员的职责。

短语与句子:

请扫描二维码，提前熟悉语篇中的短语和句子。

发信息给……   谈好了价钱

你帮我挂号   语言的搬运工

我只负责翻译   由你(自己)负责解决

我腰病的情况   翻译把聋人的话翻(给医生)

医生知道了情况   我们往瓶子里灌山泉水，不添加什么，直接喝

翻译的身份是什么

传译练习:

请扫描二维码，根据视频内容进行传译练习。

📖 语篇转写:

　　有|1|聋人|病+|怎么办，发送(→他)|手语+|翻译|说|帮(→我)|陪|看++|病。翻译|负责，手语+|翻译|说|可以，钱|什么|都|说|好了，在|医院|见面。碰头，聋人|告诉(→他)|手语+|翻译|说|我|全身|病|力|没，你|帮(→我)|去|挂号，我|休息。手语+|翻译|说|不行|我|可以|帮。到|跑|挂号|我|不能，帮|跑|看病|不行。我|负责|1|翻译|1|好了，什么|都|属于(→他)|解决。

　　他|陪|看|挂号，翻译|说|完|看|医生，聋人|告诉(→他)|翻译|说|我|病情|都|你|知道，你|告诉(→他)|帮(→我)。翻译|说|不行，自己|病|最好|对接(→他)|医生|说，我|负责|手语+|翻译|1|好了。聋人|告诉(→他)|我|腰|病|活动。翻译|说|解释，医生|看|计数|都|知道。

　　现在|我|请|大家|思考，翻译|是|什么|身份？他|做|什么？现在|我|告诉(→对方)，手语+|翻译|就|是|什么|手语|口语|像|做|桥|说|沟通+。你|知道|农|山|水|口+|号|什么？大+|自然|搬运+|工，意思|是|什么，好像|什么|山|流水|捞|倒|没|有|旋紧|放，直接|喝，像|相等|手语|一样。翻译|一样，手语|口语|沟通|我|手语|根据(来回移动)，叫|语言|搬运+|工。

4.2 口语手译

● 高血压就诊前的准备

情景介绍:

发言人给聋人介绍高血压就诊前应该做好的准备工作。

短语与句子:

请扫描二维码,提前熟悉语篇中的短语和句子。

高血压	说明书
没必要	数值变化
辅助检查	既往病史
时间受限制	梳理发生高血压的经过
目前在服用哪些降压药物	制订个体化的诊治方案
最佳状态应是每天早、晚测量血压	

传译练习:

请扫描二维码,根据音频内容进行传译练习。或两人一组,一人发言,一人练习传译。

📖 语篇文稿:

　　我的朋友去体检,发现得了高血压。她说每次看门诊的时间总是很有限,如何才能将病情完整、高效地传达给医生呢?

　　我想,作为患者,在就诊前做好准备是很重要的。下面我就说说高血压患者就诊前应该做些什么。首先,梳理一下发生高血压的经过。比如最高的血压达到多少,服用降压药前后的血压数值变化是多少。第二,了解目前自己在服用哪些降压药物。如果记不住药物名字,可以将药物包装盒或说明书带给医生。第三,带上近期的检查报告给医生看。

　　我的医生朋友还想提醒大家:经常有患者一拿到检查报告就急着找医生看,其实没有必要!最佳状态应是每天早、晚测量血压,记录服药后出现的反应,完成所有辅助检查,在初诊后的2-3周再复诊。复诊时医生根据既往病史、辅助检查结果及药物治疗后的血压反应等,对患者有全面的了解,进而可以制订个体化的诊治方案。

五、参考译文

3.0 腰部疾患的就医咨询

请扫描二维码，观看这部分的参考译文。也可提出自己的不同译法。

医　生：你|检测+结果|我|看了，我|感到|你|CT|符合(做)，我们|看看|再说。

小　赵：但是我现在感觉加重了，越来越疼，怎么办？

医　生：你|行走|影响|有？疼痛|有？

小　赵：疼。三个月了，越来越重。刚开始没觉得这么厉害。

医　生：卧床|休息|你|没有？比如|药|吃|什么|治疗|保守|以前|老(旧)？

小　赵：我就是卧床休息。针灸、按摩都做过。

医　生：背后+脊椎(脊柱)|专科|我|建议|去|看看。你|先|封闭|打针|可以，这个|治疗|减少|可以。

小　赵：现在打针，下周就能手术吗？

医　生：专科|治疗|看看。封闭|打针|如果|减轻，|住院|急|不，手术|不。

小　赵：我希望做手术，这样好。

医　生：(指手语翻译)你|朋友|帮忙|办理|盖章(手续)，可以。

小　赵：他是我的手语翻译。我很快联系家人来给我签字，可以吗？

医　生：好。家人|是？以后|治疗|我们|一起|商量|可以。

小　赵：谢谢。

4.1 手语口译

● 就医过程中的手语翻译

请阅读这部分的参考译文，也可提出自己的不同译法。

　　一位聋人生了病，他发短信给一位手语翻译，请他帮忙陪同去医院看病。手语翻译同意了，谈好劳务费，约好了见面地点。他们在医院碰头。聋人对翻译说："你帮我去挂号，我病了休息一下。"手语翻译不同意，说："这不行！我不能替你去挂号，也不能替你去看病。我只负责翻译，其他的事情得由你负责解决。"

手语翻译陪聋人去排队挂号，聋人对翻译说："我介绍过自己的病情，你可以转述给大夫听。"翻译不同意，说："你最好亲自跟大夫介绍病情，我帮你翻译就行。"聋人指着自己的腰部，用手语给大夫讲。手语翻译把聋人的话翻译给大夫，大夫就知道了大概情况。

现在请你们思考，翻译是什么身份？是做什么的？现在我告诉你们手语翻译是什么。手语翻译就是在手语和口语之间搭建桥梁。你知道农夫山泉的口号"大自然的搬运工"是什么意思吗？我们往瓶子里灌山泉水，不添加什么，直接喝。这就像手语翻译一样。在手语和口语之间原封不动地传递信息。手语翻译就是"语言的搬运工。"

4.2 口语手译

● 高血压就诊前的准备

请扫描二维码，观看这部分的参考译文。也可提出自己的不同译法。

第二课
医疗科普

本课内容提要

医疗手语译员的角色

关于医疗口译员的角色问题，翻译界已经进行了多年的理论探讨与实证研究。有学者认为，医疗手语译员不是简单的传声筒，或者语言转换器，他们在面对灵活而复杂的医疗翻译环境时通常会变换自己的角色，来解决已经出现的问题或预测可能会出现的各种问题。

医疗机构中的专职手语译员扮演着类似"助理医生"的角色。由于患者对医疗程序不熟悉，对医学专业知识不了解，因此在与医生交谈时处于相对弱势的地位。为了平衡这种落差，拉近患者与医生的距离，译员需要扮演助理医生的角色，尽量使用朴实平白的聋人能懂的手语来解释医学术语，或者用委婉的方式来提醒聋人患者提问，帮助患者得到更多医疗信息，拉近医患距离，营造良好的医患关系。

专职的医疗手语译员职责范围，不仅包括为患者提供传译服务，还包括为患者提供就诊咨询、就诊预约等服务，也包括为患者解读医生所说的话，为患者提供检查地点等信息，或主动向医生询问患者情况并告知患者等。

在中国的医疗机构，目前还很少有专职手语译员。然而医院却是聋人最需要手语翻译服务的场所之一。很多聋人去看病都是找家人朋友帮忙，也有一些通过政府购买项目聘请手语译员陪同就诊。在就诊的过程中，有时聋人会希望译员替自己跑腿，或者替自己做决定，比如选用哪种药物、是否要做手术等。译员还是应该清楚自己的角色，一方面协助医生尽可能了解聋人的情况，以便其做出准确的诊断，提出针对性的治疗方案；另一方面，在聋人患者犹豫不决时，不要替患者做决定，以避免可能发生的医疗纠纷。译员应尽量鼓励聋人患者多向医生提问，由医生来解答患者的疑问，让患者自己做出决定。

二、译前准备

2.1 主题知识准备

    本课主题是医疗科普。与第一课不同的是，本课侧重从大众科普的角度来说"医"。为了胜任医疗传译工作，译员平时需要关注并了解一些基础病、常见病的知识，包括如何预防、检测等等。一般来说，科普文章中虽然也有专业词汇，但语言表述上会更通俗易懂。手语译员在译前准备时可针对相关医学领域的关键名词和信息进行学习，也可向有关领域的专家进行咨询。有了知识储备，才能保证现场翻译时的理解和表达更为准确、及时。

2.2 语言准备

    请熟悉以下医疗科普常用词句：

流行性疾病

症状明显

肌肉酸痛

浑身无力

高烧不退

睡眠障碍

脑(体)力下降

刺激性食物/饮料

器质性病因

预防流感疫情

检查前排空肠胃

导致这种状况可能有……点原因

这种疾病可能出现的症状有……

三、对话传译

3.0 感冒与流感

情景介绍：

大夫给正在就医的聋人介绍流感与普通感冒的区别。

短语与句子：

请扫描二维码，提前熟悉对话中的短语和句子。

这是流感，除了一般的鼻塞、咳嗽、嗓子疼……

预防流感

有高烧不退、肌肉酸痛(的症状)

传染性强

流感需要对症治疗

抗病毒的药

传译练习：

请扫描二维码，根据视频内容进行传译练习。也可三人一组进行角色扮演，一位同学扮演聋人患者，一位扮演医生，一位为手语译员。

📖 对话文稿

小　赵：　王大夫，我|一周|感冒，一直|减少|没有。怎么办？你|再|写|药|给(→自身)|可以？

医　生：你这是流感啊，可不是普通的感冒！

小　赵：我|知道|流感|发病|比较|急，比|普通|感冒|严重，对？

医　生：对，流感除了一般的鼻塞、咳嗽、嗓子疼以外，还会有高烧不退的情况，还会浑身肌肉酸痛。

小　赵：和|我|流感|症状|一样！我|怎么|能|病(得)|自然|哪里？

医　生：流感嘛，肯定就是传染性比较强啊。所以每年冬天我们都会做预防流感疫情的工作。

小　赵：和|我|用药|不一样？和|我|以前|一直|吃药|普通|药，效果|不好。

医　生：用药也是有科学讲究的。流感用药一定得有针对性，所以有的时候还得配合一些抗病毒的药一起吃。

小　赵：你|现在|看(→自身)|怎么办？

医　生：这样吧，我现在给你开一些(这个)治流感的药，然后呢，你连续吃三天。另外，就不要再去人流密集的地方活动了。

小　赵：明白！我|马上|申请|病假，我|马上|上班|不！谢谢(→对方)。

四、篇章传译

4.1 手语口译

● 为体检做准备

情景介绍：

社区大夫给聋人朋友介绍体检前应该做好哪些准备。

短语与句子：

请扫描二维码，提前熟悉语篇中的短语和句子。

怎么能让体检数据更准确呢

食物对血糖的影响

空腹B超和CT也是大家经常会做的项目

这些刺激性的饮料都不要喝

做心电图检查

酒精会使血流加速、心跳加快　　　　　不要大吃大喝

把肠胃排空　　　　　　　　　　　　喝大量的水，憋尿

传译练习：

请扫描二维码，根据视频内容进行传译练习。

📖 **语篇转写：**

　　现在|多|人|都|知道|体+检|重要。但是|你|体+检|想|要|数值|准|好|怎么办？体+检查|前|吃|有|联系。我|给(→对方)|大家|例子|计数。比如|大家|都|知道|吃|东西|对(→对方)|血|糖|影响|大++。如果|1|早|7点|抽|检查，腹|保证|空++，前|昨|晚|8点|前|吃|停，10点|前|零食|苹果|数|饮料|可乐|零食|吃|不。体+检|前天|1|大喝|填|大吃++|不，喝|啤酒|不，油腻|很|甜|咸|很|不，茶|很|不，咖啡|坏++，数|切++|喝|刺激|数|喝|不。

　　空++|B超|CT|一样|都|会|常常|做++|有。像|什么|要|求|空++|为什么？因为|是|吃|空++|电视|看++(→左Y手形)|准|好|清楚、看|清。有|数|CT|检查|医生|会|叫|给(→对方)|药|大便|除去。B超|计数|有|医生|会|告诉(→对方)|要|喝|多|喝++|尿|积累，医生|B超|看(→左Y手形)|显示屏|看|清楚。有|1|点|你们|要|注意，做|心|(书空'〰')|检查|前|24|小|时|啤酒|喝++|不。因为|什么|酒精|影响|红|血|画圈(指上半身)|影响|心跳加快|会|影响|检查|心|不|准。

4.2 口语手译

● 疲劳症的诊断

情景介绍：

如何判断自己的疲劳症状？大夫给大家做介绍。

短语与句子：

请扫描二维码，提前熟悉语篇中的短语和句子。

患者对疲劳症的描述会包括……

患者之前有抑郁、焦虑……

心理因素造成的

经常性、连续性疲劳

导致疲劳症的原因

器质性病因包括先天性贫血、慢性病、睡眠障碍

主观的概念，有时很难下一个准确的定义

传译练习：

请扫描二维码，根据音频内容进行传译练习。或两人一组，一人发言，一人练习传译。

📖 语篇文稿：

疲劳症是现代年轻人常见的一种症状。疲劳症在每位患者身上可能有不同的表现。疲劳是个比较主观的概念，有时很难下一个准确的定义。对疲劳的症状，患者的描述会包括：浑身无力、没精神、有各种睡眠障碍等。很多患者也会感觉自己的体力、脑力下降，原本可以胜任的工作也完成不了了。

导致疲劳症的原因有两类：一类是器质性的。什么是器质性呢？就是头部，心脏等器官有了疾病，这就是器质性。另一类是心理疾病。器质性的病因包括患者自身伴有贫血、慢性疾病、失眠或者免疫力低下等。而心理因素造成的疲劳症主要来自患者的抑郁、焦虑、压力过大等问题。

要判断一个人是否患有疲劳症，最简单的一种方法是什么呢？人体健康有四大支柱：营养、锻炼、良好的睡眠和健康的心理。如果患者疲劳症经常性、连续性地发作，即便休息了也无法缓解，那就建议他做一个全面的检查了。

五、参考译文

3.0 感冒与流感

请扫描二维码，观看这部分的参考译文。也可提出自己的不同译法。

小　赵：王大夫，我感冒一周了，一直没有缓解。您再给我开些药，行吗？

医　生：流感！一般(普通)|感冒|不是！

小　赵：我知道流感的发病都比较急，症状也比普通感冒更严重，对吧？

医　生：对！感冒|咳嗽|疼痛，除了，流感|发烧|减少，不行！浑身+肌肉|酸痛。

小　赵：和我的症状几乎一样！可我怎么会患上流感呢？

医　生：流感，传染|肯定|狠|强！每年++|冬天|流感|预防|我们|工作|一直。

小　赵：那用药是不是也有不同啊？我之前一直吃普通感冒药，效果不好。

医　生：服药(用药)，如果|科学|需要|流感|服药|针对|需要！最后|服药|病毒|抗|和|服药。

小　赵：那您看我现在怎么办？

医　生：我|先|写|给(→对方)|流感|治疗|服药，然后|你|三天|吃药|连续。还有|人多(地方)|去|不！

小　赵：记住了。我马上请病假，不去上班了。谢谢您。

4.1 手语口译

● 为体检做准备

请阅读这部分的参考译文，也可提出自己的不同译法。

　　现在很多人都知道体检的重要性。但是怎么能让体检数据更准确呢？这和体检前的饮食有关系。现在我给大家举几个例子。比如，大家都知道食物对血糖的影响很大。如果早上7点做抽血检查，必须空腹的话，前一天晚上8点前要结束晚餐，10点前就不能再吃任何点心、水果，更不能喝饮料。体检前一天不要大吃大喝，酒也不要喝，不要吃过油、过甜、过咸的食物，像浓茶、咖啡这些刺激性的饮料都不要喝。

空腹B超和CT也是大家经常会做的项目。为什么要求空腹呢？因为空腹时检查的影像结果会准确、清晰。有些CT检查医生会让你口服泻药，把肠胃尽量排空。有些B超医生会让你检查前喝大量的水，憋尿，这样检查时能更清楚地看到图像。还有一点要注意，做心电图检查前24小时内一定要禁酒。因为酒精会使血流加速、心跳加快，导致心脏检查得出的数据不准确。

4.2 口语手译

● 疲劳症的诊断

请扫描二维码，观看这部分的参考译文。也可提出自己的不同译法。

第三课
庆典发言

本课内容提要

一、理论讲解
　　庆典类发言的特点及应对

二、译前准备
　　2.1 主题知识准备
　　　　致辞的语言特点
　　2.2 语言准备
　　　　致辞的常用词句

三、对话传译
　　3.0 采访奖学金获得者

四、篇章传译
　　4.1 手语口译
　　　　培训班开班仪式上的讲话
　　4.2 口语手译
　　　　残联主席的新年致辞

五、参考译文
　　3.0 采访奖学金获得者
　　4.1 手语口译
　　　　培训班开班仪式上的讲话
　　4.2 口语手译
　　　　残联主席的新年致辞

庆典类发言的特点及应对

在不同场合进行翻译时，译员可根据不同场合发言的语言特点及特殊挑战，选择不同的翻译策略和应对方式。庆典类发言包括颁奖典礼、庆祝晚会、婚庆典礼等场合的致辞及节日致辞等。这些庆祝性场合的话语有其特点，如礼仪化、具有号召力与鼓动性、专有名词丰富等。

庆典类场合具有礼仪化特点，带有祝贺的性质，因此手语译员首先要注意着装和化妆都应符合庆典场合的要求和规格。在这样一个祝贺性的场合，译员要随时保持自己精神状态饱满，自然得体地融入周边的氛围。礼仪化还体现在致辞的内容中。庆典发言开头一般会出现固定的称谓，并表达对某节日或某仪式的庆贺。结尾一般会表达对未来的期待和某种愿景。对于此类固定的称谓与句型，一般都有约定俗成的译法，手语译员平时应积累多样化的表达方式，在现场翻译时才能做到信手拈来，从容不迫。

庆典致辞服从典礼仪式的功能要求，即凝聚人心，增强集体感、归宿感和责任感。致辞者一般措辞讲究，情感充沛，具有一定的号召力与鼓动性。例如，残联主席张海迪在2019年的新春贺词中谈到，"我希望残疾人工作者始终与残疾人心贴心，千方百计为残疾人解决困难，在同奔小康的路上，决不让一个残疾人掉队"。手语译员应充分了解庆典致辞的这一交际功能，在翻译中实现这样的交际效果，注意使用恰当的语言和风格，尽量表达出原语的号召力。

由于庆典活动的嘉宾经常有来自不同组织机构的领导，致辞中也经常会出现各种机构头衔等专有名词，以及专有文件名，比如《关于建立残疾儿童康复救助制度的意见》等。发言人也常常喜欢引用领导人讲话中的著名语句，比如习近平总书记关于"全面建成小康社会，残疾人一个也不能少"的要求等。对于此类政治性文件和领导人的讲话，译员平时应多注意收集积累，多和手语好的聋人朋友交流，学习好的手语译法。另外，在翻译活动前尽量争取提前拿到参加典礼的嘉宾名单、头衔以及相关议程，充分做好译前准备。

二、译前准备

2.1 主题知识准备

本课主题为庆典发言，这类发言具有自己的特点，常常会涉及一些相对固定的表达方式，也比较注意措词的得体性。译员平时应多关注相关的庆典活动以及国家、省市相关机构领导人的发言，多琢磨这些常用表达的内涵。每次接受庆典类的翻译任务，需要提前了解相关背景，查找可能会被提及的文件材料，了解与会嘉宾的名单、头衔等。

学员可上网观看一些视频，掌握庆典致辞的语言特点，熟悉这些常用庆典致辞的表达，积累相关手语表达，现场翻译时才能做到信手拈来。

2.2 语言准备

请熟悉以下庆典发言常用句型：

在这金秋送爽、丹桂飘香的美好日子，我们迎来了……

我谨代表市委市政府向……的召开表示热烈祝贺！

向远道而来的各位贵宾表示最诚挚的欢迎！

祝愿本次大会取得圆满成功！

在过去的一年里，在……的领导下，我们的事业取得了令人瞩目的成就。

展望未来，我们充满信心。

三、对话传译

3.0 采访奖学金获得者

情景介绍：

校报记者采访获得奖学金的聋人学生李明明。

短语与句子：

请扫描二维码，提前熟悉对话中的短语和句子。

获得一等奖学金

分享读研三年的感受

互相信任很重要

锻炼的机会多

分析问题原因，尝试自己解决问题

长时间做实验写报告也是很枯燥的

身心放松才能更好地投入下一轮工作

传译练习：

请扫描二维码，根据视频内容进行传译练习。也可三人一组进行角色扮演，一位同学扮演校报记者，一位扮演李明明，一位为手语译员。

📖 对话文稿

校报记者：李明明同学，恭喜你这次获得了一等奖学金和优秀学生干部(称号)，下面请你和大家分享一下三年读研的感受。

李 明 明：我|特别|感谢|指导老师|2(位)，他们|一直|支持(→自身)|相信|我。我|感觉(觉得)|研究|时候|指导老师|两|互相|信任|重要！因为|互信，有。很多|指导(→自身)|我|锻炼|多！

校报记者：那你在实验中遇到问题是如何克服的呢？

李 明 明：要|自己|学会|分析|解决|问题|原因，尝试|自己|去|解决|问题。思路|整理|好，数据|整理|好，做好了，我|指导老师|成员|一起|交流聊天(讨论)，可以。感觉(觉得)|最+重要|碰到|问题|困难|很快|交流|沟通|询问。

校报记者：除了搞科研写报告，你自己有什么兴趣爱好呢？怎么去丰富课外生活呢？

李 明 明：有！实验|写写|实验|写写|时间很长|枯燥。我|喜欢|推理|小说，和|朋友|一起|到|体育场|打羽毛球。身体(身心)|放松|进入(投入)|工作|好！

校报记者：快要读博了。对自己的未来有什么期待和规划呢？

李 明 明：我|希望|自己|四年|将来|像|海绵|一样|吸取|知识，学习|成功|独立|工作，可以！

四、篇章传译

4.1 手语口译

● 培训班开班仪式上的讲话

情景介绍：
聋人老师在手语培训班开班仪式上的简短讲话。

短语与句子：
请扫描二维码，提前熟悉语篇中的短语和句子。

邀请我参加开班仪式

提高手语翻译服务质量

珍惜这个难得的学习机会

研究领域各不相同

手语翻译走了很多弯路

手语翻译的前景也一定会更好

聋人也因为看不懂(翻译)吃了很多苦

很多大学(高校)陆续开设了手语翻译专业

在实践的基础上进一步提高自己的理论水平

手语翻译的发展和社会环境相适应(即顺应社会发展需求)

传译练习：
请扫描二维码，根据视频内容进行传译练习。

📖 语篇转写：

　　我|谢谢|聋人协会|主席|请(→他)|我|参加|开+班|会议。我|浏览|培训|安排，请|选++|专+家|安排|内容，我|看|好|哪|残联|聋协，对(→对方)|哪|培养|手语|翻译|做|贡献|想|计划|安排|好，贡献|用|心，手语|翻译|服务|质量|想|提升|办法|努力|有。有|计数|手语|专+家|对(→对方)|手语|研究|深|不同++，他们|说|内容|你|看|学|收获|有！

　　手语|翻译|聋人|圈|有|关系，手语|翻译|好坏，工作|合适|不|合适，聋人|说|算。我们|国家|过去|对(→对方)|手语|翻译|研究|(摇摇头)。起|步|晚，重视|不够，手语|翻译|路++|走|糊涂，聋人|手语|看不懂|苦|很|有。现在|国家|语言|发展|规则|手语|翻译|纳入|有|好。现在|大学|建立++|手语+翻译|专业|成立|建立++。很|大|进步，进步|转|好|手语|翻译|发展|有|对(→他)|环境|合适|好，手语|翻译|前景|工作|好！我|希望|大家|最|好|珍惜|难得|会议|学习|机+会，实践|基本|上|最好|进步|自己|语言|理论|水|平。我|先|祝|大家|学习|高兴++，学习|得|收获|有！

4.2 口语手译

● 残联主席的新年致辞

情景介绍：

残联领导在新年团拜会上向广大残疾朋友致辞。

短语与句子：

请扫描二维码，提前熟悉语篇中的短语和句子。

辞旧迎新的时刻

实现中华民族伟大复兴

把残疾人脱贫放在重要位置

国家颁布了《国家通用手语常用词表》

全面建成小康社会，残疾人一个也不能少

盲文有了"规范字"，手语有了"普通话"

融入社会

确保残疾人脱贫攻坚任务的圆满完成

祝关心和支持残疾人事业发展的同志们

传译练习：

请扫描二维码，根据音频内容进行传译练习。或两人一组，一人发言，一人练习传译。

📖 语篇文稿：

新年好！在这欢喜的日子里，在这辞旧迎新的时刻，我衷心祝愿残疾兄弟姐妹和家人们新年快乐！也祝愿所有的残疾人工作者，所有关心和支持残疾人事业发展的同志和朋友们新春快乐！感谢大家在过去的一年给予残疾兄弟姐妹的帮助！

过去的一年意义非凡。我们迎来改革开放四十周年，也迎来中国残联成立三十周年。残疾人事业有了很大的进步，我们按照习近平总书记关于"全面建成小康社会，残疾人一个也不能少"的要求，把残疾人脱贫放在最重要的位置。国家颁布了《国家通用手语常用词表》和《国家通用盲文方案》。从此，盲文有了"规范字"，手语有了"普通话"，为听障者和视障者融入社会又打开了一扇大门。

新的一年，我们要以习近平新时代中国特色社会主义思想为指引，推动残疾人事业更快发展，确保残疾人脱贫攻坚任务的圆满完成。在实现中华民族伟大复兴中国梦的征程上，团结一心，努力奋斗，早日让残疾人过上小康生活。

3.0 采访奖学金获得者

请扫描二维码，观看这部分的参考译文。也可提出自己的不同译法。

校报记者：李明明，一等奖|奖金|还有|优秀|学生干部，你|获得|恭喜(→对方)！请|你|介绍|大家|学习研究(考研)|三年|感受|怎么样？

李 明 明：我特别感谢两位导师一直以来的支持和信任，我觉得在研究过程中，和导师的互相信任很重要。因为互信，我得到了很多指导和锻炼的机会。

校报记者：研究(过程)|碰到|问题什么？解决|做|怎么样？

李 明 明：首先我会分析问题原因，尝试自己解决问题。其次整理思路，做好数据整理。这样可以和导师及课题组成员讨论。我觉得出现问题最重要的是及时沟通。

校报记者： 科研|报告|写写，除外。其他|兴趣|爱好|有|什么？课余|生活|你|怎么样(做)？

李 明 明：当然有了，长时间做实验写报告也是很枯燥的。我喜欢看推理小说，还喜欢到体育馆和朋友打羽毛球，身心放松才能更好地投入下一轮工作。

校报记者：读|博士|马上。将来(未来)|期待|规划|有？

李 明 明：我希望自己未来四年能像海绵一样汲取知识，学有所成后可以独立开展科研工作。

4.1 手语口译

● 培训班开班仪式上的讲话

请阅读这部分的参考译文，也可提出自己的不同译法。

我很感谢(咱们)聋协主席邀请我参加开班仪式。刚刚我看了培训安排，通过邀请的这些专家和安排的内容，我看到残联和聋协对培养手语翻译做出的周密计划，付出的良苦用心，为提高手语翻译服务质量想了很多办法。邀请的几位专家在手语研究领域深入钻研、各有所长。相信他们讲的内容一定会让大家有所收获。

手语翻译是与聋人息息相关的职业。手语翻译翻得好不好，工作是否称职，聋人最有发言权。我们国家以前对手语翻译的研究起步晚、重视程度不够，让手语翻译员走了不少弯路，聋人也因为看不懂翻译吃了不少苦头。如今国家语言发展规划把手语翻译也纳入其中，很多高校也陆续开设了手语翻译专业，这是巨大的进步。手语翻译的发展已经有了一个良好的社会环境，这个行业的前景也一定会更好。希望大家珍惜这个难得的学习机会，在实践基础上进一步提升自己的理论水平。我预祝大家学习愉快，学有所成。

4.2 口语手译

● 残联主席的新年致辞

　　请扫描二维码，观看这部分的参考译文。也可提出自己的不同译法。

第四课
旅游推介

本课内容提要

一、理论讲解
聋人译员

二、译前准备
2.1 主题知识准备
旅游推介中的语言特点
2.2 语言准备
旅游/导游的常用词句

三、对话传译
3.0 参观可口可乐公司

四、篇章传译
4.1 手语口译
皮筏子观景
4.2 口语手译
在土耳其乘坐热气球

五、参考译文
3.0 参观可口可乐公司
4.1 手语口译
皮筏子观景
4.2 口语手译
在土耳其乘坐热气球

聋人译员

美国和澳洲的手语译员认证都包括了面向聋人译员的证书。也许有人有疑问：聋人能成为合格的手语译员吗？实际上，在国外召开国际会议时，有聋人参与的手语译员团队常常会成为会场的一大亮点。每个语言对（比如英语和美国手语，法语和法国手语）的译员团队都包括了听人译员和聋人译员，他们默契配合，为会议进行即时传译。

按照国际会议通行做法，聋人和听人译员组合搭档，口语发言时听人译员作为一传手把信息内容用手语打出来，而聋人译员则站在台上，将听人译员（受源语影响较大）的手语转换为更加流畅自然的手语呈现给观众。因此观众看到的是台上的聋人译员，而他/她的听人译员搭档则往往坐在台下第一排进行接力辅助。

如果发言人用的是手语发言，会场经常会有好几位聋人译员同步译为其他国家的手语，而他们各自的听人搭档则拿着麦克风译入口语。即使不用译成其他手语，聋人译员也会在一旁不断提示或者解释，协助自己的听人搭档更准确地理解和记忆信息。

由于聋人译员看话能力特别强，法庭或者医疗传译等场合也经常需要聋人译员来协助看懂一些具有地区或者个人特色的手语（包括文盲手语），然后再转为更为规范的手语，让听人译员搭档看懂后再准确译入口语。

并不是所有的聋人都能成为合格的聋人译员。美国对聋人译员的报考资格要求是具有大学本科学历（专业不限）。报考者还需要经过机考和现场翻译技能考核才能拿到证书。现场翻译技能考核主要考察聋人译员手语与书面语的即时转换能力，考核方式包括视译（看文字打手语），也包括与听人译员搭档进行接力传译。

二、译前准备

2.1 主题知识准备

　　本课的主题是"旅游推介"。旅游推介是一种常见的营销方式，涵盖内容丰富，说明详细，有些还附带体验项目。要做好旅游推介的翻译工作，手语译员应对一些经典旅游项目做好信息收集，并进行有深度的挖掘和积累。如需随团外出旅游，则更需要提前对目的地的景点和游玩项目做好准备，从不同方面了解目的地（游览项目）的特色，以及每个景点可能会涉及的历史背景和相关传说等。

　　本课选取的三篇文本均改编自聋人朋友出游的真实体验，是对旅行中的某一特色环节进行的说明。译前准备时，译员可先去查找可口可乐公司的历史、羊皮筏子的制作过程，以及土耳其旅游的相关信息等。这样在进行传译时有了足够的知识储备，翻译过程会变得更为轻松。

2.2 语言准备

　　请熟悉以下旅游推介常用词句：

发源地

名胜古迹

人文历史

旅游攻略/计划书

自古以来这个地区就……

我建议您可以……

大家可以关注……网站的介绍。

有……条线路可供您选择。

我们推荐这几个景点供您参考。

三、对话传译

3.0 参观可口可乐公司

情景介绍：

聋人旅游团在导游的带领下参观可口可乐公司。

短语与句子：

请扫描二维码，提前熟悉对话中的短语和句子。

可口可乐的发源地是哪里

去亚特兰大市探亲

网上预定门票

品尝全球各地的可乐，品种有上百种之多

成功背后的故事

传译练习：

请扫描二维码，根据视频内容进行传译练习。也可三人一组进行
角色扮演，一位同学扮演导游，一位扮演聋人游客，一位为手语
译员。

📖 对话文稿

导　游：哎，来来来，（大家）。你们知不知道可口可乐的发源地在哪儿啊？

聋　人：美国|发明，我|知道。在|哪里？我|不知道。

导　游：对了，对了。在十八世纪呢，可口可乐是在美国乔治亚洲亚特兰大市诞
　　　　生的。呐，在这儿。所以啊，你们如果去美国旅游的话呢，有时间可以
　　　　去那边的"可口可乐世界"看一下。

聋　人：（拍掌）|好！正好|今年|我们|去|亚特兰大市（国外打法）|探亲。我|妹
　　　　夫|家|住，顺路|看看，交通|方便？

导　游：交通是很方便的，而且呢，你也可以网上订票，这样呢，你只用一张门
　　　　票，就可以品尝全球各地的可口可乐。品种呢有上百种之多呀！

聋　人：饮料|多！所有|喝|不行？

导　游："可口可乐世界"呢面积是很大，你走不完，也肯定喝不完的。但是我
　　　　要建议你不要喝太多，每一种只喝那么一点点，不然你到后面你就喝不
　　　　下了呀。而且你在那边旅游的时候，你也可以了解可口可乐公司背后成
　　　　功的故事，我相信你是肯定很感兴趣的。

四、篇章传译

4.1 手语口译

● 皮筏子观景

情景介绍：

聋人游客介绍坐羊皮筏子观景的过程。

短语与句子：

请扫描二维码，提前熟悉语篇中的短语和句子。

做防腐处理

带毛的皮浸泡在水里，待其发酵

在黄河上坐皮筏子

感受到黄河的独特韵味

遇上湍急的水流时快如飞箭，给人飞流直下的畅快感

羊皮筏子有节约能源、保护环境、视野开阔等优点

传译练习：

请扫描二维码，根据视频内容进行传译练习。

📖 语篇转写：

黄河|以前+总和+历史|奇特|1|名字|叫|皮|方（漂流动作）。皮|剥|用什么|牛羊，先|杀完|砍头|后肢|砍++|倒挂，挂|屁股|皮|划开，剥++，拿|皮，牛羊|拿|毛++|水缸|放|浸泡++|久，发酵|完了，取|挂|晒++|干|完了|搬，|毛|有|刀|刮++|撕++|刮|干净，翻++|放|铺平，脚|踏++，硬|变|软++，翻|用|防腐|刷++|好了，麻线|扎紧++|捆，倒挂|后肢|捆++，最后|1|吹|扎紧|捆好|装上。

皮|方|是|坐|方|坐|黄河|坐，|伸（→水）|凉|流水|感觉|伸（→水面）|容易，水|风|方（漂流动作）|水|感觉|没有|湿。|河|看|山（后移）|看|白塔|看++|风景|好，都|河|山（后移）|水面|新鲜|韵味|精神|感觉|有。

皮|方|浮力|很好，方|操作|控制|容易|碰到|急|流水|皮|方|给（→自身）|感觉|流水|方|感觉|给（→自身）|爽|感觉|好。坐|黄河|方|半天|或|两天|时期，一路|山（后移）|看++|风景|美丽，爽！羊皮|方|优点|什么|东西|节省|好，第二|环保|好，第三|坐|眼睛|看|开阔眼界|看++|清楚|可以|好|坐|羊皮|方|流水|路|山（后移）|水面，感觉|以来|唯一|乐趣|有。

4.2 口语手译

● 在土耳其乘坐热气球

情景介绍：

一位朋友介绍自己在土耳其乘坐热气球的经历。

短语与句子：

请扫描二维码，提前熟悉语篇中的短语和句子。

来土耳其一定要体验热气球

朋友建议我们一定要坐邮轮

在空中飞翔的感觉真是妙不可言！

说得我心痒痒的

古迹保存也很完好

天空中到处都是色彩斑斓的热气球

和热气球无缘

体验了滑翔

传译练习：

请扫描二维码，根据音频内容进行传译练习。或两人一组，一人发言，一人练习传译。

📖 语篇文稿：

　　我的朋友去年国庆去土耳其玩了一趟，回来告诉我土耳其太好玩了，说得我心痒痒的，于是和太太商量决定去玩几天。去一个地方旅游前我都喜欢做攻略。我买了一本土耳其旅游的书，了解一点土耳其的历史，也上网看了不少资料，这样游玩起来更有感觉。

　　我和太太先到了伊斯坦布尔，这是土耳其人口最多的城市，商场多，古迹保存得也很完好。朋友建议我们一定要坐邮轮，海上的风景简直太赞了！海风不大，我们一边看风景一边拍了很多美照。

　　来土耳其一定要体验热气球，可惜我们去坐热气球的时候运气不太好，风大热气球被取消了，最后和热气球无缘。好在我们一早起来就看到了热气球，真的很壮观，天空中到处都是色彩斑斓的热气球。我们还去体验了滑翔，从海拔2000米的山上飞出去，在空中飞翔的感觉真是妙不可言！

　　土耳其是我去过最热情的地方，每一个人都很友好，值得去一趟。

3.0 参观可口可乐公司

请扫描二维码，观看这部分的参考译文。也可提出自己的不同译法。

导　游：过来，可口可乐|发源地|哪里？你们|知道？

聋　人：我只知道是美国发明的，不知道具体在哪里？

导　游：十八|世纪|可口可乐|发源地|美国|乔治亚洲亚特兰大市(国外打法)。你们|如果|去|美国|旅游||时间|足够||看++(→第三方)|可口可乐世界|看看++(→第三方)|可以。

聋　人：太好了！我们正好今年要去亚特兰大市探亲，住在妹夫家，可以顺路去看看。那里交通方便吗？

导　游：公交|地铁|方便！上网(网上)|订票|1|门票|通用，可口可乐世界|品种|饮料|计数|一百多。

聋　人：我怎么能喝完那么多的饮料啊？

导　游：可口可乐世界|大！全部|游览|完成|不能！肯定|喝|饱！不能。我|建议|喝|多|不，喝|1|喝|1(瓶)|点。不信，你|最后|喝|饱！不能。游览|可口可乐世界|成功|哪里|来？故事|了解|看看|可以。我|相信(→对方)|感兴趣|一定|可以。

4.1 手语口译

● 皮筏子观景

请阅读这部分的参考译文，也可提出自己的不同译法。

　　黄河自古以来特有一种皮船，叫皮筏子，是用牛羊皮制成。筏子首先要剥皮，杀牛宰羊后，去头，去后肢，将其倒挂起来，从臀部剥皮，最后剥至颈部[①]。牛羊皮剥下后把带毛的皮浸泡在水里，待其发酵，取出晒干，用刀将毛刮净，再把皮翻过来，然后用脚踩，使其变软，之后做防腐处理，用麻线将颈部、两个后肢扎死，从剩下的那个口子充气，再用活扣扎紧。

---

① 注：实际上皮筏子的制作是将宰杀的牛羊从颈部剥皮至臀部。

将吹好的皮囊排在架子下面，皮筏子就做好了。

坐在筏子上，伸手穿过木架子就能撩到凉凉的河水，筏子随着水波荡漾晃晃悠悠，乘客不会被水打湿。河面上凉风习习，河对岸的山上白塔峭然屹立。坐在筏子上，这一切都使人感受到黄河的独特韵味。

皮筏浮力极好，容易操控，遇上湍流时快如飞箭，给人飞流直下的畅快感。坐上它可在黄河里漂流半天到两天的时间，一路欣赏黄河上的壮美风光。羊皮筏子有节约能源、保护环境、视野宽阔等优点。乘坐羊皮筏子顺流观景，也是一种难得的乐趣。

4.2 口语手译

● 在土耳其乘坐热气球

请扫描二维码，观看这部分的参考译文。也可提出自己的不同译法。

第五课
景点介绍

传译理论介绍——功能对等理论

功能对等理论也是对传译训练和实践有着深远影响的翻译理论之一。美国学者尤金·奈达（Nida）早在1964就提出了翻译界非常知名的功能对等理论，该理论强调翻译时不应追求文字表面的死板对应，而要在两种语言间达成功能上的对等。

功能对等理论认为，意义是最重要的，形式其次。其核心观点认为，译入语的受众对译语语篇的反应与源语受众对源语语篇的反应应该是一致的。假如英文发言人讲了一个伤心的故事，英文听众都很难过。在场的通过美国手语译员了解这个故事的聋人也应该感到同样的难过。如果聋人发言人讲了一个幽默笑话，聋人观众都哈哈大笑，那么在场的听人通过手语译员也应该听到一个幽默笑话而哈哈大笑。功能对等原则把翻译的重点从注重语言形式转移到重视信息内容与受众的反应上来，强调译语与源语在交际功能上的对等。

奈达从翻译认知和翻译经验出发，将"功能对等"分为了两个不同层次，即低层次对等和高层次对等（Nida，1993：87）。低层次对等指译语受众可以理解源语，并明白源语受众对源语的理解和欣赏的方式，但是自己未必能达到同样的理解和欣赏水平，比如通过译员的解释，译语受众可能明白源语受众为什么笑了，但是自己还是笑不出来。高层次对等指译语受众与源语受众对语篇的理解和欣赏基本达到了一致。

然而由于生长环境、文化差异、受教育程度等各方面的因素，高层次对等在翻译实践中有时很难实现，因此从理论上说是一种理想状态，是译员追求的目标。

二、译前准备

2.1 主题知识准备

在第四课的推介基础上，本课侧重旅游景点的介绍。大家在旅游前都会做攻略，为旅程做好充分准备。有关景点介绍的途径也越来越多。手语译员可以在旅游网站或景点官网进行查询。讲解过程中有关人名、地名、历史典故、民间传说，或者当地习俗的相关介绍，手语译员需要及时与导游或聋人朋友进行沟通，以确保翻译的准确性。比如为本课做译前准备，需要提前查找蒙古包、镜泊湖、泰国的相关旅游信息，可通过查找这些旅游点的官网，或者和旅游经验丰富的人交谈获得信息，为翻译工作做好准备。

2.2 语言准备

请熟悉以下景点介绍常用词句：

特色旅游

特色产品

传统祭祀

祈福平安

最大的(瀑布)……旅游胜地

有各种各样的(树)……

这里最具特色的是……

三、对话传译

3.0 介绍蒙古包

情景介绍：

聋人参观蒙古包时与导游的一段对话。

短语与句子：

请扫描二维码，提前熟悉对话中的短语和句子。

亚洲最大的敖包	举行传统祭祀活动
神圣之地不可以随便侵犯	心中默默许(上)愿
以免触怒神灵	

传译练习：

请扫描二维码，根据视频内容进行传译练习。也可三人一组进行角色扮演，一位同学扮演导游，一位扮演聋人游客，一位为手语译员。

📖 对话文稿

聋　人：这|蒙古包|有|什么|特色?

导　游：这些蒙古包是用来参观或者是给游客用来休息的。这里是乌拉特中旗，亚洲最大的敖包就在这边，蒙古人民每年都要举办重大的传统祭祀活动，祭敖包就是其中的活动之一。我们可以直接走到敖包那边，大家在走的过程中也可以逛一逛、看一看。但是需要注意一点，这里是蒙古人民的神圣之地，不可侵犯，大家在走的过程中呢也可以了解一下他们当地的文化习俗。

聋　人：好。我们|陪同|看看。大！指(敖包)|我|好像|很近|走走|快到，不行! 比|我|想象|还|大。看(→第三方)|像|石头|叠|(仿盖房动作)|大(近头部)。这|蒙古包|(仿包顶动作)|是|这样?

导　游：敖包作为蒙古民族传统文化的代表，是专门用于祭祀活动的。我们可以就近拾几块土石，绕着敖包，从左向右转三圈，走一圈放几块土石，并在心中许一些愿望。当然了，我们在转的时候不能离敖包太近，如果太近的话会触怒神灵。最后呢，我们在香炉那边祭拜敖包，求赐福，保平安。

四、篇章传译

4.1 手语口译

● 家乡风景

情景介绍：
聋人介绍自己家乡（镜泊湖）的风景。

短语与句子：
请扫描二维码，提前熟悉语篇中的短语和句子。

去我家乡(镜泊湖看瀑布)的游人非常多

火山上的森林茂盛，有各种各样的树

加拿大(尼亚加拉)大瀑布

这里有缆车、鹿和骆驼

走上木板路，那路弯弯曲曲直通山头

湖边有各种各样的船整整齐齐地排列着

传译练习：
请扫描二维码，根据视频内容进行传译练习。

📖 语篇转写：

　　我|家乡|在|镜泊湖，不是|对应++|不。有|手语|名字|什么，水|瀑布，在|黑龙江|牡丹江市。全球|是|最|大|瀑布，风景|有名，瀑布|长度|70多米|雨|大|长度|300多米|样子|像++|加拿大|尼亚加拉大瀑布。

　　人|去(→自身)|家乡|人|流++|旅游|风景|流++|很|人|流++|好！有|火山|爆发|喷|变成|自然|美丽|风景|好。有|大|瀑布、火山|树++|排列，不同++，有|什么|槐树、红树、白桦树，各种各样|名字++。不同++|走|人|排队|木头|台阶++|走+++|到|山，站|观看|美丽！

　　湖边|石头++|桥|进去|(张望)，湖面|停泊|船|不同++|停泊++|整齐++|观看，又|有|大+船|人|旅游|人|排队，坐++|船|大概|1+2|小时|大概，船|慢++|船，观看|山++(双手，后移)|风景++(双手，后移)|观望|美丽！有|缆车，还有|鹿|骆驼|鸡蛋|大++。还有|风景++|有名|到处++|很。

4.2 口语手译

• 游泰国皮皮岛

情景介绍：

导游为聋人游客介绍去泰国皮皮岛旅游的经历。

短语与句子：

请扫描二维码，提前熟悉语篇中的短语和句子。

皮皮岛位于普吉岛东南	被定为……
长期阳光充足	盛产皮皮虾
由六个岛屿组成	体会到人生最美好的感觉
千万别吝啬你的假期	短暂、匆忙的一日游
深入体会皮皮岛的浪漫风情	从容地居住和细心地体验
发个呆，打个盹儿，多惬意	
潜水、滑水、独木舟、风浪板、香蕉船	

传译练习：

请扫描二维码，根据音频内容进行传译练习。或两人一组，一人发言，一人练习传译。

📖 **语篇文稿：**

  皮皮岛位于泰国普吉岛东南，是由两个主要岛屿组成的姐妹岛，1983年被定为泰国国家公园。这个地方长期阳光充足，盛产皮皮虾。皮皮群岛由六个岛屿组成，其中最大的两个岛屿是大皮皮岛和小皮皮岛。

  你们一定会喜欢皮皮岛的。因为你在这里休息上几天，一定能体会到人生最美好的感觉。如果你只是短暂、匆忙的一日游，也可以看见皮皮岛的美景。但应深入体会皮皮岛的浪漫风情，因为这里适合从容地居住和细心地体验。千万别吝啬你的假期，带着好心情跟朋友们一起出发吧！拉一把躺椅在沙滩、海边舒适地享受日光，悠闲地翻几页书，啜一口色彩缤纷的鲜榨果汁，偶尔发个呆，打个盹儿，多惬意啊！如果你热爱运动，那可一定要来这里一展身手！游泳、潜水、滑水、独木舟、风浪板、香蕉船……丰富多彩的项目一定会让你忙于尝试，无暇休息！

3.0 介绍蒙古包

请扫描二维码，观看这部分的参考译文。也可提出自己的不同译法。

聋　人：这些蒙古包有什么特色吗？

导　游：蒙古包|这些|是|参观|游客|休息。这里|乌拉特中旗（原地打法），书空(敖)|包||亚洲|最大|这里！每年++|都|这里|传统|祭祀|书写(敖)|包|活动|重要！我们|直接|到(→第三方)|可以|走++|一切|看++|可以。路|两边|逛++|看++。注意|蒙古族|神圣||随便|侵犯|不行！大家|走++|故事|起初|文化|风俗|了解|可以。

聋　人：好，我们一起走过去看看！啊呀！看着好像可以很快走到，其实不是。敖包真是很大的，比我们想象的还要大。仔细看去，好像都是用大大小小石头叠起来的。蒙古人的敖包都是这样的？

导　游：蒙古族|文化|书空(敖)|包|代表|是|专门|祭祀|用。近|石头|捡|放++。我们|周围|捡|可以。走++|石头|捡|放++，心+愿。我们|近|靠近|很|不！不信，鬼++|最后|香炉|拜神|幸福|平安。

4.1 手语口译

● 家乡风景

请阅读这部分的参考译文，也可提出自己的不同译法。

我的家乡在镜泊湖，它的名字手语打法不是一一对应打出来的。我们是这样打它的手语名的。它位于黑龙江省牡丹江市，是世界上最大的瀑布旅游胜地[①]。瀑布幅宽约70余米，雨水量大时，幅宽达300余米，它形状好像加拿大尼亚加拉大瀑布。

去我家乡镜泊湖看瀑布的游人非常多。那个地方因为有火

---

① 这个信息手语源语发言有误。世界最大的瀑布根据高度、宽度和水量不同、排名也有所不同。最著名的瀑布包括尼亚加拉瀑布、维多利亚瀑布、伊瓜苏瀑布、安赫尔瀑布等。

山爆发，喷出的岩浆慢慢形成自然美丽的风光。有巨大瀑布，火山上的森林茂盛，还有各种各样的树，有槐树、红树、白桦树等等，以及各种各样说不出名的树。行人走上木板路，那路弯弯曲曲直通山头，站在上面观看，四周的风景非常美丽。

从湖边石头桥的桥洞走出来，可以看到湖边有各种各样的船整整齐齐地排列着。游人可以排队上去，坐在游船上一、两个小时，随着船慢慢行进，欣赏周围的美景。这里有缆车、鹿和骆驼，另外这里的鸡蛋也特别大。这里的名胜和美景太多了！

4.2 口语手译

● 游泰国皮皮岛

请扫描二维码，观看这部分的参考译文。也可提出自己的不同译法。

第六课
文化类新闻

本课内容提要

一、**理论讲解**
　　电视新闻手语传译的挑战

二、**译前准备**
　　2.1 主题知识准备
　　　　文化类新闻的特点
　　2.2 语言准备
　　　　文化类新闻的常用词句

三、**对话传译**
　　3.0 传统工具书的数字化

四、**篇章传译**
　　4.1 手语口译
　　　　聋校的发展
　　4.2 口语手译
　　　　残疾人文学社成立

五、**参考译文**
　　3.0 传统工具书的数字化
　　4.1 手语口译
　　　　聋校的发展
　　4.2 口语手译
　　　　残疾人文学社成立

电视新闻手语传译的挑战

电视新闻的手语传译已经成为国内显现度最高、影响面最广的手语传译形式之一。2012年，国务院颁布的《无障碍环境建设条例》明确规定了"设区的市级以上人民政府设立的电视台应该每周播放至少一次配播手语的新闻节目"。截至2021年底，全国已有超过500个电视台有手语新闻节目，这个数字还在不断增加。然而，不少研究表明，聋人受众对配播手语传译的电视新闻收视率不高，对电视新闻手语理解有困难。

电视新闻手语传译其实是同步传译中最具挑战的形式之一。主要挑战来源于：

1）超常语速：电视新闻的语速远远高于日常谈话语速。一般来说，汉语的日常语速在每分钟200-250字左右，而有的播音员语速高达每分钟300-350字。高语速带来的是超高的信息密度。也就是说，电视同传译员每分钟要处理的信息比其他译员更多。

2）同步性要求：电视新闻对语言和画面的同步性要求苛刻，一般来说，同传译员的产出可以相对源语滞后半句到一句话，但是电视同传译员必须保持信息产出和画面同步，这要求译员要用最为精练的语言，最为及时地产出译语，这个挑战是巨大的。

3）超高的心理压力：和其他传译形式相比，电视新闻同传是压力最大的形式之一。上电视意味着"万众瞩目"，观众来自各行各业，有不同的背景和期待，译员此时要承受的心理压力比起一般的交际场合要大得多。

4）广泛的题材：新闻题材涉猎非常广泛，从国际国内局势，到政治、经济、军事、教育、科技、体育、文化娱乐、民生等等，几乎无所不包。要了解并翻译这么广泛的题材，对译员的知识体系提出了极高的要求。

5）突发性：新闻的突发性造成译员一般都无准备时间。有的译员走进演播室就拿到一大叠稿子，来不及看一遍，就要开始直播。这种翻译形式极其考验译员平时的知识积累和快速反应能力等综合素质。

二、译前准备

2.1 主题知识准备

  "文化"一词涵盖面广，这要求译员在译前准备时要关注各类文化热点和焦点。尤其是残疾人朋友喜爱并广泛参与的一些活动，例如摄影展览、绘画比赛、非遗项目展示等，都是译员可以练习的内容。本课的主题是"文化类新闻"，选取了"传统工具书的数字化""聋校的发展"和"残疾人文学社成立"三篇稿件作为学习材料。在准备本课时，译员可以先就"数字化（转型）""线上线下体验""作家史铁生"等关键词作一些了解。对于专有名词的处理，译员除了向聋人朋友请教外，上网查询相关知识线索，也会对翻译的理解和记忆有帮助。

2.2 语言准备

  请熟悉以下文化类新闻常用词句：

互联网阅读

手机app的使用

工具书/查阅方式/……的转型

诞辰纪念日

……的发展日新月异

文化体育活动的开展

提供便捷通道/服务

以……的形式/方式纪念……

三、对话传译

3.0 传统工具书的数字化

情景介绍:

记者就传统工具书向数字化转型的问题采访出版业专家。请你为专家和记者的对话做传译。

短语与句子:

请扫描二维码,提前熟悉对话中的短语和句子。

传统工具书

转型后的工具书

更便捷的网络检索

提供快捷查询和学习功能

作为电子图书的嵌入产品

在线阅读和移动终端阅读是很多人读书的常态

传译练习:

请扫描二维码,根据视频内容进行传译练习。也可三人一组进行角色扮演,一位同学扮演聋人记者,一位扮演专家,一位为手语译员。

📖 对话文稿

记　　者：现在互联网查询越来越便利了。那么传统工具书的现状如何呢?

专　　家：过去|在|家|笔记本电脑|网络|浏览。还有|手机|浏览||别人|看|经常|很。过去|词典|纸|别人|检索|减少|不喜欢,现在|选定|网络|浏览|方便|好!

记　　者：那有哪些辞书转向互联网应用呢?

专　　家：比如|《现代汉语词典》|APP,特色|有|什么? 智能词典助手|好! 可以|给人|所有|查询|方便|学习,可以!

记　　者：那怎么能让转型后的工具书更好地发挥作用呢?

专　　家：现在|手机|APP|好! 人们|可以|什么? 地铁|出差|8点|出去|旅游|用|借|浏览|兴趣|解释|知识|优点。工具|APP|好|翻|什么? 电子图书|嵌入|产品,浏览|可以|看|读|查|查完|会了|好! 不认识|读|不了|词汇|不知道,可以! 查询|快捷|看|知道|很快|好! 好,可以|给|什么|人们|学习|知识|增加|知识|宽阔,还有|网络|方便|通道。

四、篇章传译

4.1 手语口译

● 聋校的发展

情景介绍:

聋人讲述聋校的发展史。

短语与句子:

请扫描二维码,提前熟悉语篇中的短语和句子。

书名叫《烟台启喑》

这本书讲的是中国聋校的起源

中国聋校是由外国的传教士来中国传教的时候在山东创办的

不知道是在山东的什么地方建立

他万分悲痛地答应了

孩子学校的一位专门教聋人口语的老师和他相识相恋并结婚了

山东蓬莱(当时叫登州)

传译练习:

请扫描二维码,根据视频内容进行传译练习。

📖 **语篇转写:**

　　我|朋友|给(→我)|书,书空(《》)|烟台|启喑。写++|介绍|什么|聋人|学校|建立|哪|来。

　　外国|宣传|到(→己方)|主|到|中国|十字架|宣传|在|山东|建立。山东|范围|指点|哪|建立|记不住++。后来|到(→第三方)|烟台|参加|活动|后|知道。书|拍照|头像|建立|是,起源|美国|名字|手语|胡子++,到(→己方)|中国|目的|什么|宣传++。他|生|孩子|聋++。这时|中国|所有|聋人|学校|没有,宣传|忙++。孩子|照顾|不行|怎么办,返回|船|到|美国|聋人|学校|寄托|读++。他|妻子|病重,躺|告诉(→他),希望|他|返回|中国|聋人|学校|建立,她|生|孩子|带去。他|难过|同意。

　　后来|她|病|死|了,他|孩子|读|上面|老师|专|教|口语。他们|认识|发展|一见倾心|结婚。跟随|2(移动)|到|中国。女|老师|名字|(右手指鼻子,左手按脖子)|意思|什么,聋人|指(对方鼻子),左手摸脖子|学习|说话。2(移动)|船|到|哪里|登州,建立|第一|聋人|学校|名字|什么|启喑|学校。

4.2 口语手译

● 残疾人文学社成立

情景介绍：

这是一篇残疾人文学爱好者在京成立文学社的新闻报道。

短语与句子：

请扫描二维码，提前熟悉语篇中的短语和句子。

作家史铁生诞辰64周年纪念日

"生命阳光文学社"成立大会

上百位残疾人文学爱好者（克服）身体不便，坐着轮椅，挂着拐杖，从北京城四面赶来

多位作家，表演、播音艺术家以及史铁生的生前好友都来参加了朗诵活动

完成史铁生的遗愿

我还没有当记者的时候就和他很熟

北京市作协副主席担任文学社名誉社长

传译练习：

请扫描二维码，根据音频内容进行传译练习。或两人一组，一人发言，一人练习传译。

📖 语篇文稿：

　　作家史铁生诞辰64周年纪念日当天，北京残疾人活动中心举办"生命阳光文学社"成立大会。有上百位残疾人文学爱好者克服身体不便，坐着轮椅，挂着拐杖，从北京城四面赶来，以朗诵《我与地坛》等经典作品的形式，纪念这位已故作家。在京的多位作家、表演艺术家、播音艺术家以及史铁生的生前好友都来参加了朗诵活动。

　　北京市作协副主席告诉晚报记者，史铁生生前曾多次提到，要把北京爱好文学的残疾朋友组织起来，成立一个文学社，实现他们的文学梦想。为了完成史铁生的遗愿，由北京市生命阳光心理健康指导中心主任发起，北京爱好文学的残疾朋友成立了"生命阳光文学社"。北京市作协副主席担任文学社名誉社长，作家刘一达担任社长。刘一达说："我和史铁生也是多年老朋友了，在我还没有当记者的时候就和他很熟。文学社有这么多作家，我的主要工作还是做好服务。让这个文学社成为有影响力的社团，唤起残疾朋友对生命的热爱。"

　　指导中心曹女士介绍，文学社成立后会组织残疾人文学爱好者写作，计划写作100个关于残疾人的文学作品。

3.0 传统工具书的数字化

请扫描二维码，观看这部分的参考译文。也可提出自己的不同译法。

记　者：现在|上网|检索|方便|越来越，工具书|传统|现在|怎么样？

专　家：现在，在线阅读和移动终端阅读是很多人读书的常态。这种改变让大多数人不再去查纸质词典，而是选择更便捷的网络检索。

记　者：词典+书|有些|哪|改变|触摸|上网|用？

专　家：比如《现代汉语词典》的APP，就开发了很有特色的"智能词典助手"，提供快捷查询和学习功能。

记　者：工具书|改变|以后|怎样|用|更+好？

专　家：工具书推出APP后，人们在地铁上、出差路上、外出旅行时，都可以借助手机查权威的知识内容。而且，工具书App还可以作为电子图书的嵌入产品，附着在移动阅读内容当中。即读即查，即查即会。阅读中碰到不会读、不了解的词语，通过手机版的词典查询、学习。这为人们增长知识提供了一条便捷可靠的通道。

4.1 手语口译

● 聋校的发展

请阅读这部分的参考译文，也可提出自己的不同译法。

我朋友给我一本书，书名叫《烟台启喑》。这本书讲的是中国聋校的起源。

中国聋校是由外国的传教士来中国传教的时候在山东创办的。我以前不知道是在山东的什么地方建立的，后来到烟台参加活动才有所了解。书上照片里这个人就是创办者，他是美国人，手语名字叫"大胡子"，来中国的目的是传教。他生了一个聋孩。当时中国没有聋校，他忙着传教没有时间照顾耳聋的孩子，只好把孩子送上船回美国读聋校。后来他的夫人得了重病，在临死前跟他说，希望他在中国建一所聋校，把儿子带在身边。他万分悲痛地答应了夫人。

后来夫人病逝了。孩子学校的一位专门教聋人口语的老师和他相识相恋并结婚了，婚后她跟随大胡子一起来到了中国。她的手语名字是这样的，为什么呢，因为她就是这样让聋人用手触摸她(的发音器官)来学习说话的。他们坐船到中国山东蓬莱(当时叫登州)，在那儿建立了中国第一所聋校，叫"启喑"学校。

4.2 口语手译

● 残疾人文学社成立

请扫描二维码，观看这部分的参考译文。也可提出自己的不同译法。

第七课
人物专访

本课内容提要

一、理论讲解
　　电视新闻手语译员的应对策略

二、译前准备
　　2.1 主题知识准备
　　　　人物专访的简要内容
　　2.2 语言准备
　　　　与人物专访相关的词句

三、对话传译
　　3.0 采访版画艺术家

四、篇章传译
　　4.1 手语口译
　　　　采访聋人技术能手
　　4.2 口语手译
　　　　介绍北京榜样人物

五、参考译文
　　3.0 采访版画艺术家
　　4.1 手语口译
　　　　采访聋人技术能手
　　4.2 口语手译
　　　　介绍北京榜样人物

电视新闻手语译员的应对策略

比起其他场合的译员，电视新闻手语译员面临语速快、信息密度高、心理压力大、无译前准备时间等特殊的挑战。有的手语译员并没有接受过专业的同传训练，对新闻题材也不够熟悉。因此，做好新闻手语传译是一项极为艰巨的任务。

译员要不断提升自己的新闻翻译能力和翻译质量，可以从以下几个方面入手：

首选，多做新闻题材的"笔译"练习。虽然新闻每天都发生，也有所不同，但是大致的题材还是相似的。因此译员完全可以做好语言方面的准备，把近期的新闻题材拿来译成手语，译的时候一定要考虑时间长度，和原语保持大概一致或稍短，以适应新闻手语传译的特点。

其次，要熟记新闻话语的固定搭配和套语。可以根据以往的新闻材料总结经常出现的固定搭配和套语，如"精准脱贫""宏观调控""两学一做""统筹推进五位一体总体布局"等，熟记这些高频词组的译法，翻译时才能做到信手拈来，脱"手"而出。

第三，掌握总结式翻译技巧，分清主次信息。由于时间的限制，在高语速、高密度的情况下，要把所有信息在非常有限的时间内全部同步传递出来基本是不可能的。为了节目的效果和观众的理解，与其在翻译时每个句子都漏得七零八落，不如主动选择句子的主要信息传递出来，时间不够的情况下把次要的、说明性修饰性的部分省略，这样至少能够保证手语产出的信息是完整的、可理解的。

最后一点建议：找聋人译员搭档。在平时笔译练习时，或者有条件拿到新闻稿提前准备的时候，一定要多请教手语好的聋人，让聋人来把关手语，组成一个翻译团队，保证手语产出的可理解性，提高翻译质量。

二、译前准备

2.1 主题知识准备

　　本课主题为"人物专访"。对人物的访谈有可能涉及个人成长史，也有可能针对某一特殊事件进行采访。如果在译前，译员能对被访者个人背景进行较为全面的了解，翻译的难度必然会降低。如果是针对某一事件的采访，还需要对事件的背景、来龙去脉都先调查清楚，这样在翻译的时候才能胸有成竹，保证翻译的准确性。比如本课选取的三个人物，包括优秀聋人技术能手、版画艺术家和北京榜样人物，他们的成长经历、业务领域、工作特点都不同。译员可事先了解版画、无线遥控的相关知识，在网上或者通过其他手段查找采访对象的相关背景，做好译前准备。

2.2 语言准备

请熟悉以下人物专访常用词句：

……艺术展/画展

很高兴有机会采访到您

艺术创作

有代表性的作品

介绍……的成长经历/创作过程

榜样

对……产生兴趣

传统文化/文化精髓

三、对话传译

3.0 采访版画艺术家

情景介绍：

记者在版画艺术展现场采访了聋人版画艺术家，请你为他们之间
的对话做传译。

短语与句子：

请扫描二维码，提前熟悉对话中的短语和句子。

版画艺术展

我也很荣幸能够有机会采访您

作品我刚刚看了，觉得非常独特

是什么样的机缘巧合让您接触到版画并开始学习和创作呢

都是您最满意的(作品)吧

应该说是比较有代表性的几件

他们都集中体现中国传统文化的精髓

传译练习：

请扫描二维码，根据视频内容进行传译练习。也可三人一组进行
角色扮演，一位扮演聋人艺术家，一位扮演记者，一位为手语译
员。

📖 **对话文稿**

记　者：大家好！我们在"版画艺术展"的现场。我们很高兴见到了聋人艺术家
　　　　刘东老师。刘老师，恭喜您的作品又一次参展。我也很荣幸能够有机会
　　　　采访到您。您做版画多久了？

刘　东：我|大概|98年|接触|版画，后来|2003年|开始|深入|学习。

记　者：那您总共创作了多少个作品？那这次参展又准备了多少件呢？

刘　东：我|总共|作品|有|200+多，这次|参加|展览|挑选|精品|20+多。

记　者：您的作品我刚刚看了，感觉非常独特。那您大学是学什么专业的呢？又
　　　　是什么样的机缘巧合让您接触了版画，开始学习和创作呢？

刘　东：大学|版画，我|学习|没有。大学|毕业了|参加|聋校|工作，我|看见|
　　　　赵|同事|版画|积累|好！我|兴趣|我|喜欢|开始|学习。

记　者：那您这次参展的20件作品，应该都是您最满意的作品吧？

刘　东：是，数|画++|20|范围|有|代表+性|有|像|中国+数+12+猴+鼠+猪+数
　　　　(中国十二生肖)|还有|四+猴+腾云(西游记)，我|最+满意|为什么，他
　　　　们|对|指(第三方)|看|明显|有|哪|中国|传统|文化|精髓。我|希望|大
　　　　家|喜欢。

四、篇章传译

4.1 手语口译

● 采访聋人技术能手

情景介绍：
聋人讲述自己通过努力一步一步成为技术能手的经历。

短语与句子：
请扫描二维码，提前熟悉语篇中的短语和句子。

我是6岁时耳聋的，但有语言基础

我当学徒一个月才16元

生活都不够

开始时我做小车的模型，再做动力机械小车，升级到无线遥控产品

当时社会轻视残疾人，可因为有技术基础，有个工程师看好我

愿意让我加入他的研究团队

我不太满意

向上级反馈给我涨工资

保证我持续钻研

有一次，（我）专门给起床晚的人做了个定时提醒的振动器

那时没有正式生产销售

传译练习：
请扫描二维码，根据视频内容进行传译练习。

📖 语篇转写：

　　我|以前|儿童|年龄|6|耳|破，发音|语言|基础|好，听人|沟通|容易|好。我|邻居|大+哥|技术|教++|学习|什么|电子|知识，我|兴趣|浓|好。喜欢|研究|什么|修+车|模型，后来|动+机器+车(动力机械小车)，后来|提升|绳(线)+没有+操作+产品(无线遥控产品)。我|工作|有|发+钱(工资)|低，以前|买|1|寸+放(电池)|5！钱|贵！我|学|一个月|钱|16。学校|生活|不够，是|过去|钱|障碍(紧张)，我|要|父母|钱|来++|买+东西|是。以前|社会|瞧不起|聋人|残疾人|是，我|技术|基础(扎实)！我|忍耐|不，好！工程师|看(→我)|看中(→我)，我|被|调到|研究+团队。我|聋人|残疾人|瞧不起(→我)|没有，好！我|有一次|工厂|工作|指(一圈，左手计数)|技术|好|坏(一圈)，找(→我)|我|1！1(→他)|我|帮忙|工作|好，我|技术|聪明，我|好！工程师|钱|120，我|30！忍+不住，满意|不行！工作|我|流血(付出)|很。厂长|看(→我)|知道，支持|上报|意见，我|钱|涨。感动|感谢|帮助(→我)|好！钱|够++|买|花钱++|电子工具。我|学|研

究|坚持。有一次|什么|他|睡|起床|晚++，怎么办？我|发明|制作|时间+定+限制+闹钟(定时提醒)|振动|好！他们|聋人|喜欢|买++|要++(→我)，以前|生产++|销售|没有，买|这|1|我|做|1|卖|1。

4.2 口语手译

● 介绍北京榜样人物

情景介绍：

记者对"北京榜样"夏虹的成长历程做介绍。

短语与句子：

请扫描二维码，提前熟悉对话中的短语和句子。

榜样人物	用脚写字
身残志坚	获得三枚奖牌
辍学在家	贫困的她却拿不出学费
经历有些传奇色彩	发表了多篇散文和诗歌
圆了她的大学梦	广告设计专业
把稿费寄给她	注册成立了自己的公益组织

她担任了11所"温馨家园"的特教老师，做了上百场励志演讲

传译练习：

请扫描二维码，根据音频内容进行传译练习。或两人一组，一人发言，一人练习传译。

📖 **语篇文稿：**

夏虹是2015年的"北京榜样"人物，她的经历有些传奇色彩。

7岁时因为车祸，夏虹失去了双臂。她凭着顽强的意志，学会了用脚写字。但由于交通不便，她只能辍学在家，借同学的课本在家自学。9年的时间里，夏虹在报刊上发表了多篇散文和诗歌。后来，一家报纸报道了夏虹的故事，许多人被这位身残志坚的无臂姑娘感动。完成初、高中全部课程的同时，夏虹还参加了黑龙江省残疾人运动会，获得了三枚奖牌。她的梦想是上大学。她被一所美院录取，但是贫困的她却拿不出学费。这时候一位好心人将自己的稿费寄给了夏虹，圆了她的大学梦。

夏虹学的是广告设计专业。2010年她开始接触剪纸。我们知道用脚剪纸难度特别大，但是她做到了！她用的剪刀越来越小，技巧也越来越娴熟。夏虹对剪纸的兴趣越来越浓厚。现在她承担了11所"温馨家园"的特教老师工作，做了上百场励志演讲。2015年她注册成立了自己的公益组织，同年当选为"北京榜样"年度人物。

3.0 采访版画艺术家

请扫描二维码，观看这部分的参考译文。也可提出自己的不同译法。

记　者：大家好，版画|艺术|展览|我们|现场，聋人|艺术家|刘东|老师|认识|高兴！刘老师|你|作品|又|参展|恭喜！机会|采访|我|荣幸，你|版画|几年？

刘　东：大概是从98年开始接触版画的，2003年开始深入学习。

记　者：你|创作|作品|总共|多少？这次|参展|作品|准备|多少？

刘　东：目前我已创作了近200件作品了吧。这次参展是从众多作品中挑选了20件。

记　者：|你|作品|刚刚|看|完了。精彩|独特！你|大学|专业|什么？学习|版画|机缘|哪来？开始|学习|创作|怎么样？

刘　东：我在大学时并没学过版画，我大学毕业后到聋校工作。有一次我看见同事赵老师正在学版画藏书票，我觉得很有意思，产生了好奇。我正式开始学习。

记　者：你|参展|作品|数|20，都|满意|是？

刘　东：是的，应该说是比较有代表性的几件。其中"中国十二生肖""西游记"我是比较满意的。他们都集中体现中国传统文化的精髓。我希望观众们能喜欢。

4.1 手语口译

● 采访聋人技术能手

请阅读这部分的参考译文，也可提出自己的不同译法。

我是6岁时耳聋的，但有语言基础，能和听人沟通。我家邻居大哥手把手教我学习电子方面的知识，让我对电子产品产生了很大的兴趣。开始时我做小车的模型，后来做动力机械小车，再升级到无线遥控产品。我刚工作的时候工资低，当时买一个电池5元钱，太贵了。我当学徒工资才16元，生活都不够，以前手头紧，买材料都得伸手向父母要钱。当时社会轻视残疾人，可因为有技术基础，有个工程师看好我，对我没有偏见，愿意让我加入他的研究团队。有一次工厂方面组了个团队工作，但发现没有人能胜任。最后他们找到我，虽然我不是工程师，但我有技术又聪明。工程师的工资是120元，只给我30元，我不太满意，因为我干的活儿最多。厂长都看在眼里，向上级反馈给我涨工资，我很感动。有了足够的钱我就能买更多的电子工具，可以保证我持续钻研，让我的水平越来越高。有一次我专门给起床晚的人做了个定时提醒的振动器，当时聋人看了都喜欢、都想买。可那时没有正式生产销售，所以我只能做一个卖一个。

4.2 口语手译

● 介绍北京榜样人物

请扫描二维码，观看这部分的参考译文。也可提出自己的不同译法。

第八课
教学活动

教育手语传译的特点和发展前景

在教育环境下提供手语翻译服务一般被称为教育手语传译或课堂手语传译。

教育手语传译可以发生在学生学习的任何地方，包括学前班、幼儿园、中小学及大学课堂，或各类学校或者社会的培训项目。教育手语译员需要为教学相关的各种场合提供传译服务，包括教学活动、实地考察、集会、咨询、相关会议以及学校的运动比赛等。

教育手语译员在课堂上往往不仅要完成传译任务，还常常被要求承担非传译责任。最常见、最有争议的一大角色就是需要当老师，或者当助教。因为手语译员在教室里工作时，一般会站在讲台边上或者老师身边，所以对一些聋生而言，手语译员就有了教师的权威。对于低年级的学生来说更是如此。但是教书育人是需要掌握一系列技能的，其要求与手语翻译有很大不同。所以并不是每个手语译员都能做一个好老师。遇到学生有不懂之处时，译员要及时把问题传递给教师，让教师来解答，而不是自己充当教师直接辅导学生。另外，相比普通的专业课教师，手语译员对聋人学生的思维习惯、学习方式和认知水平可能更了解，如果发现聋生可能对老师的讲解有理解困难，也可适当提醒教师调整讲解方式，确保聋人学生能跟上进度。

另外，要确保课堂翻译质量和授课效果，译员应主动提前和任课教师沟通，了解上课内容，协助教师更有针对性地备课和组织教学，让教学更适合聋人学生的认知习惯，充当教师和学生之间的有效桥梁。

目前在国内，教育手语传译无论在实践上还是在学术研究上都是一个较新的、有待进一步探索的领域。学术上，这一领域的学术文献非常少；实践上，提供课堂手语传译服务的学校数量极为有限。即使是招收聋人大学生的高校，也是常常雇佣临时的手语译员，专职的译员岗位并不多。

随着《残疾人教育条例》（2017年修订）的推广和执行，融合教育将成为大趋势，聋生可能主要选择进入普通的中小学，上普通大学。他们非常需要无障碍信息支持手段。而教育手语传译是聋人学生顺利就学和按时毕业的极为重要的无障碍保障。

二、译前准备

2.1 主题知识准备

      本课的主题为"教学活动"。我们所指的教育教学并不局限于学校这个范围，也可以包括各种网络课堂、校外培训、团建活动等等。手语译员在接到翻译任务后需要提前准备与教学相关的内容。可以在各大教育网站搜索公开课或专题讲座，有条件的可以提前到授课地点或联系授课人，熟悉不同课堂的上课风格和流程。比如，小学课堂的组织和活动大概是怎样的；大学的讲座一般有什么特点；（类似本课中的）法律课和书法课在教学组织和教学风格方面有哪些区别等等。

2.2 语言准备

请熟悉以下教学活动常用词句：

教育/教学

评价/评估

考试

解释

大家对这个有什么看法

评价一下……怎么样

请大家注意……

对……有什么问题

我们来总结一下……

还有什么补充的

三、对话传译

3.0 法治课堂片段

情景介绍:

老师在课上给聋人学生讲解一个法律案例。

短语与句子:

请扫描二维码,提前熟悉对话中的短语和句子。

介绍的这个案例

迅速报警,追踪嫌疑人,为公安机关破案提供了线索

评价一下他的这些做法

作为一个未成年人盲目地去追踪

了解犯罪分子的去向;尽可能保护好犯罪现场

传译练习:

请扫描二维码,根据视频内容进行传译练习。一位同学扮演聋人,一位扮演老师,还有一位为手语译员。

📖 对话文稿

师:刚才我介绍的这个案例中,这个学生做了哪些事呢?

生:报警|快,追踪|抓,给(→第三方)|公安+警察|证据。

师:那你评价一下他的这些做法怎么样呢?

生:自己|1|行动|不|安全。坏人|刀|有,如果|追踪|被|发现|完了。

师:很好。你关注到了嫌疑人持刀这一点。作为一个未成年人,如果盲目地去追踪,那就可能会受到伤害。这就告诉我们,不仅要"见义勇为",还要保护好自身安全,做到"见义智为"。那什么是"见义智为"呢?

生:我们|帮助|他|时候,迅速|逃,人身|安全|保护+好。

师:那你说说"路见不平"的时候应该怎么做呢?

生:先|电话(→第三方)|报警,或|找|高+人(大人)|帮助(→自身)。如果|看(→第三方)|别人|撞(左Y形),驾驶员|逃|没了,我们|要|记|指(第三方)|车+牌+号,迅速|报警,再|电话(→第三方)|120|到(第三方→另一边)|救护。

师:好,那我总结一下:要及时拨打或者请人拨打110;要尽量记住犯罪分子的特征;在保护好自己安全的前提条件下,要尽量了解犯罪分子的去向;要保护好犯罪现场。

四、篇章传译

4.1 手语口译

● 书法教学片段

情景介绍：

聋人教师的书法教学片段。

短语与句子：

请扫描二维码，提前熟悉语篇中的短语和句子。

我们先来解释一下"富润屋"

财富可以装饰房屋，德(就是品德)可以提升人的精神境界

为培养自己良好的道德(情操)而努力

左边正，右边倾斜

古代的书法家追求艺术美

作为新时代的少年，要以此自勉

这个字有最高点和支撑点

传译练习：

请扫描二维码，根据视频内容进行传译练习。

📖 语篇转写：

　　今天|我们|学习|书法|什么|是|D(德)+润+身。学习|书法|前|我们|解释|富+润+屋+D(德)+润+身意思|什么？哪来？《 》|礼+记|意思|是，富|可以|装饰|房屋。D·(德)|可以|养|人|思想(精神)|境界|提高。作为|新+时代|青年|要|抓住|自己|鼓励(→我)。D(德)|抓住|培养|全身|我们|长大(从小)|培养|最+好|道德|努力。老师|希望|大家|今天|书法|完了|纸|墙|自己+家(自家)|墙|粘贴|看(→墙)|每天|鼓励(→我)|自己。

　　下面|我们|分析|字+形，我们|看(→它)，指(它)|是不是|缺|1|笔|是|看(→它)|横|空|是，横|不要。古代|书法|著名|看中(→它)|艺术+美，看中++(→它)，所以|有|取消(减少)|笔|结构。看(→它)|D(德)|整体|结构。左|正，右|斜。两|边++|依靠|放|好看，是。还有|看(→它)，左+右|是不是|有？房顶|看(→它)|最+高|点|顶。看(→它)，下面|搭配(配合)，我们|看|正|是，斜++(左右斜动)|没有|是。左+右|房顶|是|斜++(左右斜动)|没有，正|好。

我们|再|看(→它)，滑(润)|看(前下)|书空(润)，左+右|结构|什么|左|书空(氵)，右|外|书空(口)|方|门|里面|是。王|门|王|""|一起|变|外|方(放大)|门|方(大)|王|缩小|意思。外|3|书空(氵)|记住|注意|放松(散)|容易|放松(散)，书法|紧缩(收紧)。

4.2 口语手译

● 城管讲解垃圾分类

情景介绍：

城管队员到学校为学生做"垃圾分类"的讲解，提升学生的环保意识。

短语与句子：

请扫描二维码，提前熟悉语篇中的短语和句子。

我们环保部门的职责就是保护城市环境

最后送到垃圾处理厂

送到郊区的清洁站

垃圾可以被填埋，或焚烧垃圾，用它们产生的能量发电

使它们变成肥料，或者资源返还

经过化学分解，可能还会变成有害物质

会污染大气，水源，还会侵占大量土地

产生易燃易爆的气体，叫"甲烷"

传译练习：

请扫描二维码，根据音频内容进行传译练习。或两人一组，一人发言，一人练习传译。

📖 语篇文稿：

我们环保部门的职责就是保护城市环境，让城市优美、干净，适合大家居住。今天我们给大家讲讲垃圾分类。

每天产生那么多的垃圾大家知道都去哪了吗？首先，社区和街道的环卫工人把垃圾收集起来送到转运站。在转运站垃圾会得到初步整理，之后送到郊区的清洁站。在清洁站这些垃圾要被再次分类，最后送到垃圾处理厂。

不科学的垃圾处理会造成非常严重的环境污染。没有处理好的垃圾会污染大气、水源，还会侵占大量土地。垃圾经过化学分解，可能还会变成有害物质，影响我们的身体健康。大量

的垃圾堆积在一起会产生一种易燃易爆的气体，叫"甲烷"。如果甲烷聚积到一定体积后会引起爆炸。所以我们必须科学、合理地处理每天的垃圾。

　　现在大家都知道垃圾可以被填埋，或焚烧垃圾用它们产生的能量发电；我们还可以通过化学处理使他们变成肥料，或者资源返还。像大家平时用的塑料罐和纸质的东西，都可以回收利用。所以垃圾分类不仅是环卫工人和工厂的任务，其实和我们每个人都有直接的关系。你们就是垃圾分类的第一个、也是最重要的环节。

3.0 法治课堂片段

请扫描二维码，观看这部分的参考译文。也可提出自己的不同译法。

师：刚才|我|介绍|举例，这|学生|做+什么|数？

生：迅速报警，追踪嫌疑人，为公安机关的破案提供了线索。

师：他|做法|怎么样，你+看|评价？

生：不安全。因为他是一个人行动，而且坏人持刀，如果在跟踪过程中被发现了那他就完了。

师：好。嫌疑人|持刀|你|看到|人|年龄|小，如果|扎瞎(伤害)，追踪|可能|扎(→自身)。这|什么？第一|注意|书空(义)+勇+进，第二|自己|安全|保护(→自身)，做+到|看+书空(义)+智。为|什么|是|这个？

生：我们在帮助他人的时候，不仅要让他人从危险中逃脱，更要保护好自己的人身安全。

师：路+见+不+平|要|对|说|怎么办|好？

生：先拨打报警电话，或求助大人帮忙。如果遇到有人被汽车撞倒，司机逃逸了，那我们应该记下车牌号，迅速报警，再拨打120帮助受伤的人。

师：我|总|简单：迅速|电话(→第三方)，或|邀请(→自身)|帮助|电话|110；犯罪+人|样子+脸+特点|记|要，保护|安全|时，犯罪+人|去|哪|了解|出事|场地|抓住。

4.1 手语口译

● 书法教学片段

请阅读这部分的参考译文，也可提出自己的不同译法。

今天我们学写的是"德润身"。学字之前我们先来解释一下"富润屋，德润身"的意思。它出自《礼记》。意思是，财富可以装饰房屋，德(就是品德)可以提升人的精神境界。作为新时代的少年，要以此自勉，以德润身。我们从小要为培养自己的良好道德情操而努力。老师希望大家今天写完，把这个字贴在自家的墙上，时刻激励自己。

下面我们来分析一下字形。大家观察一下，这个字是不是丢了一笔呢？是不是中间少了一个横呢？古代的书法家追求艺术美，所以有"减笔结构"（的说法）。大家观察一下"德"字的整体结构。左边正，右边倾斜。两边这样相互依靠就好看了。请大家再观察一下，左右是不是也有伸展呢？这个字有最高点和支撑点。通过上下的配合，让我们看到这个字是正的，就像刚才我们说的左右支撑，让这个字不会倾斜。

我们看看"润"字的字形。"润"是左右结构的字。左边是三点水，右边的外围是"门"字，里面是个"王"字。"门"和"王"的变化是门大王小。三点水容易把字变散，所以写的时候注意字要收紧。

4.2 口语手译

● 城管讲解垃圾分类

请扫描二维码，观看这部分的参考译文。也可提出自己的不同译法。

第九课
手语译员的行为规范

本课内容提要

一、理论讲解
　　手语译员的行为规范

二、译前准备
　　2.1 主题知识准备
　　　　手语译员的规范
　　2.2 语言准备
　　　　与行业行为规范相关的词句

三、对话传译
　　3.0 机场工作人员的手语学习

四、篇章传译
　　4.1 手语口译
　　　　手语译员的经历
　　4.2 口语手译
　　　　法律工作中的手语翻译

五、参考译文
　　3.0 机场工作人员的手语学习
　　4.1 手语口译
　　　　手语译员的经历
　　4.2 口语手译
　　　　法律工作中的手语翻译

手语译员的行为规范

随着手语翻译职业化的推进，译员对自己的行为也需要自我约束，让自己的行为符合这一职业的规范。日前，中国翻译协会已经对笔译服务、口译服务提出了行业标准，也制定了翻译职业道德规范。作为翻译大家族中的一员，每一名从事手语翻译工作的译员也有责任和义务遵守翻译职业道德规范，提供合格的翻译服务。

首先在接受任务之前，一定要客观评估自己的能力是否达到翻译工作的具体要求，确保只接受自己能够胜任的工作。

一旦接受了翻译任务，一定要认真细致地进行译前准备。可以通过多种渠道查找资料，熟悉涉及的专题知识，收集整理相关词汇，尽可能通过活动组织方获取活动的背景信息，活动议程安排，最好也能联系到发言人，熟悉其专业背景，以及带有个人或地方特色的口音或者手语。此外，译员应该提前去现场查看翻译环境。如果发现翻译现场光线不足，或者主办方安排的站位不适合进行手语传译工作，应及时提出，方便组办方及时进行调整，确保翻译任务能顺利完成。

有些译员对于自己熟悉的场景一般不进行译前准备。从职业精神的角度，在任何翻译任务之前都应该做一定的准备，尽最大可能降低现场翻译失误发生的概率。

在翻译现场，如果遇到不懂的关键信息要和发言者确认，不能蒙混过关，避免造成重大的信息错误，导致双方产生误解。

手语译员在翻译活动前后都应该遵守保密性原则。涉及客户的个人隐私（如聋人的病史）以及敏感信息（如财产情况、信用卡信息等）要严格保密，不得和他人分享。另外也需要注意，在未经主办方同意的情况下，不在公共空间（如微信朋友圈）发布翻译任务相关的信息。

手语译员在进行翻译活动时要保持客观中立的立场。避免将自己置于"聋人保护者"的角色，尤其是在公检法这一类场合更是应该严格遵守客观中立原则。

每次翻译任务结束，译员要及时总结经验和教训，让自己不断提高。

二、译前准备

2.1 主题知识准备

      本课的主题为"手语译员的行为规范"。每个行业都有自己的从业要求和职业标准，手语译员也是如此。作为手语翻译员，不仅要做到尊重听障者，为当事人保密，客观忠实地进行翻译，还要从自身着装、精神面貌等多方面提升自己综合能力。本课选取的材料中有聋人指导听人学员学手语，有听人译员在翻译中遇到的一些问题，还有法律手语翻译中的一些要点。学习前大家可以根据本课"理论讲解"部分的内容，再结合具体文本，掌握手语译员行为规范的要求。希望对大家的实际工作有所启发。

2.2 语言准备

      请熟悉以下手语译员行为规范常用词句：

负责

努力

问询/咨询

手语差异

重听

着装要求

弱势群体

思维

平等

三、对话传译

3.0 机场工作人员的手语学习

情景介绍:

聋人老师到航空公司教手语。请你为公司职员和聋人之间的对话做传译。

短语与句子:

请扫描二维码,提前熟悉对话中的短语和句子。

我们都在航空公司工作

柜台(也准备了便签)可以写字交流

手语翻译软件也是很好的助手

各地的聋人手语会有差异

你们在机场工作会接触到各地的聋人

这样容易造成误会和麻烦

传译练习:

请扫描二维码,根据视频内容进行传译练习。也可四人一组进行角色扮演,一位同学扮演聋人老师,两位扮演志愿者,一位为手语译员。

📖 对话文稿

聋人老师:你们|工作|什么?

志 愿 者1:我们都在航空公司工作。

聋人老师:具体|做|什么?比如|飞机(机场)|有|咨询+台,负责|解释|询问|工作,是?

志 愿 者2:对的。有问题的话我们都可以解答的。

聋人老师:你们|手语|还是|手机+翻译?第三,聋人|笔谈,有?

志 愿 者1:我们会简单的手语。我们柜台也准备了便签可以写字交流。

聋人老师:聋人|写++|不行,理解|困难。你们|怎么办?

志 愿 者2:我们咨询台的专职人员都学过常用的手语,可以进行简单的交流。另外,手语翻译软件也是很好的助手。可以解决很多问题。

聋人老师:你们|工作|好,给(→第三方)|聋人|方便|多。我|想|告诉|你们,各地|聋人|手语|各种不同,基本+手语|会|全面(通吃),不行。你们|在|飞机(机场)|工作,各地|聋人|到++(双手),他们|会|碰到|看(→第三方)|手语,不|懂,一定|想|办法|问|清楚,自己|猜测|他|说+什么,不行!如果|自己|猜测|指(第三方)|说+什么,容易|误会,麻烦。

志 愿 者1:我们会继续努力学习的。也会接触更多的聋人,为聋人出行做好服务。

四、篇章传译

4.1 手语口译

● 手语译员的经历

情景介绍：

聋人讲述手语译员在翻译过程中遇到的疑惑和问题。

短语与句子：

请扫描二维码，提前熟悉语篇中的短语和句子。

刚学会手语，经验少

聋人讲完了看速记屏幕上的文字，发现遗漏了一些信息

他感到很尴尬，特别灰心

他接受了我的说法，也（对这次翻译失误）表示遗憾

觉得没意思，就会自己聊天、打瞌睡

不要固执己见，要看观众。要根据情况灵活处理

传译练习：

请扫描二维码，根据视频内容进行传译练习。

📖 语篇转写：

　　以前|我|朋友|找(→我)|有事。他|听人，手语|刚|学|拿出|经验|少。碰面|聊++|询问++(→我)|2|他|心|忍不住|难过|怎么办？

　　他|告诉(→我)，第一：以前|指(第三方)|会议|邀请(他→第三方)|到(→第三方)|翻译。指(第三方)|聋人|讲话，他|话筒(翻译，同下)|(疑惑，听不清的样子)|发现|聋人|手语|快|话筒(吃力的样子)|眼睛|累|话筒(盯人的表情)|跟不上|话筒|思索(困难的样子)|机器(转运)|不行，跟不上。指(聋人)|手语|完了|指(聋人)|看|打字|投影|文字|看|遗漏|什么，问(→他)|遗漏|为什么？话筒(尴尬的表情)|指(聋人)|手语|快|(转换体位)|愤怒|聋人|手语|不理|走了。(转换体位)|(不知所措表情)|看++(→我)|尴尬|心|灰心。他+找(→我)|怎么办？我|错|哪？跟不上|为什么？(转换体位)|我|问(→他)|之前|邀请|时|前|准备|好了？聋人|翻译|手语|讲话|是，他|问(→聋人)|内容|讲|什么？讲|看++|交流|看|手语|内容|明白|完了？没有？他|没有|准备|没有？(转换体位)|错|准备|没有，会|跟不上|翻译，遗漏，最好|交流|清楚，后面|翻译|好|

跟得上|好|(转换体位)|是|遗憾。

　　　第二：问(→我)|什么|听人|会议|观众|话筒(说话)，他|翻译|手语|用|自然|好？文法|好？哪？告诉(→他)|看(→第三方)|观众|聋人|是|手语|自然|好，如果|文法|手语，全场|聋人|看|想|不知道|不懂|无事|聊天|困顿，摊手。最好|自然|手语|全场|看|明白|内容|重点|说|什么，都|搬运(原本翻译)|好。还有|观众|重听人|有|从小|聋|教(→我)|文法|习惯，自然|不会，他|自然|全场|问(→他)|改|文法。他|最好|跟着|文法|可以，看|进退，自己|进退，固执|自己|决定|不。全场|选|哪|跟进|最好，他们|会|看|舒服，明白|好。想|担心|不，他|谢谢|高兴|走了。

4.2 口语手译

● 法律工作中的手语翻译

情景介绍：
手语译员介绍从事法律工作时的心得体会。

短语与句子：
请扫描二维码，提前熟悉语篇中的短语和句子。

社会弱势群体

接受教育程度不一

思想单纯，法律意识淡漠

拥有法律赋予的平等权利

配合司法人员向他们普及法律知识

特别是与文盲聋人交流，弄不好就变成了自说自话

避免以后再犯罪

根据聋人的文化水平和表达方式的不同

否则就是无效沟通

传译练习：
请扫描二维码，根据音频内容进行传译练习。或两人一组，一人发言，一人练习传译。

聋人是社会弱势群体。因受教育程度不同，有些人思想单纯，法律意识淡漠，认识问题比较简单。尽管这样，他们也拥有法律赋予的平等权利。手语译员在翻译的过程中，要对聋人的思维特点给予充分的理解，同时也要把聋人的特点向司法人员进行说明，以取得他们的理解。手语译员应当做司法人员和聋人的桥梁。在翻译过程中也要配合司法人员向聋人普及法律知识，对专业词汇要进行耐心的解释，需承担的责任要跟他们讲清楚，以避免以后再犯罪。

手语译员要根据聋人的文化水平和表达方式的不同，采取他能接受的、习惯的表达方式进行交流。文化程度较高的，我们用什么样的手语？文化程度较低的聋人或文盲聋人用什么手语？这都是我们应该考虑的问题，否则就是无效沟通。特别是与文盲聋人交流的时候，如果不能使用适当的表达方式，那翻译就等于是自说自话了。

在翻译过程中还要耐心、细心地观察聋人的表情、动作，通过这些准确获取手语表达的意思，翻译才能标准，双方沟通才能到位。

3.0 机场工作人员的手语学习

请扫描二维码，观看这部分的参考译文。也可提出自己的不同译法。

聋人老师：你们是做什么工作的？

志 愿 者1：航空+公司|我们|这|工作。

聋人老师：具体做什么呢？比如机场有问询台，负责做一些解释和咨询工作，对吗？

志 愿 者2：好，问题|有|我们|解释|可以。

聋人老师：那你们用手语还是用翻译软件？还是让聋人用笔写？

志 愿 者1：手语|简单|会，柜台|笔谈|交流，可以。

聋人老师：有些聋人写东西不行，理解起来比较难，你们怎么办？

志 愿 者2：我们|询问+台|专门+工作+人员（专职人员）|手语|常用|会，简单|交流。另外，手语+翻译|APP|用++|好。多|问题|解决|可以。

聋人老师：你们这么做非常好，为聋人提供了很多方便。我想告诉你们一点，各地的聋人手语会有差异。基本手语掌握了也不能说明都会了。你们在机场工作会接触到各地的聋人，要借这个机会多学习。看不懂的手语一定要想办法问清楚，不能自己猜"他说的可能是什么"。这样容易造成误会和麻烦。

志 愿 者1：学习|我们|一直|努力。聋人|接近+++|多，聋人|去++，我们|服务。

4.1 手语口译

● 手语译员的经历

请阅读这部分的参考译文，也可提出自己的不同译法。

曾经有朋友找我。他是听人，刚学会手语，经验少。我们见面聊天，他向我询问了两件事情，（还）说他心里很难过，问（我）怎么办？

他告诉我的第一件事是：有个会议请他去做翻译。聋人发言，他拿着话筒做口译。但聋人手语特别快，他眼睛盯着聋人手语特别累，而且还要思索聋人表达的内容，跟不上聋人手语。聋人讲完看了速记屏幕上的文字，发现手语翻译遗漏了一些信息，非常生气，责问他为什么遗漏信息。他说聋人手语太快，跟不上。聋人生气走了。所有的人都看着他，他感到很尴尬，特别灰心。他问我："我错在哪里，怎么办？"我问他，去做翻译之前有没有做准备？了解聋人发言的内容吗？交流的时候看明白聋人的手语了吗？准备了没有？(你)错在没有准备。翻译跟不上手语进度，容易丢失信息，最好能跟聋人交流清楚，后面的翻译工作会顺利跟得上。他接受了我的说法，表示很遗憾。

他问我的第二件事是：给会场观众做翻译，是用自然手语好还是用手势汉语好？我告诉他，要先看会场有没有聋人，自然手语当然好。手势汉语很多聋人看不懂，不知道在说什么，他们会觉得没意思，就会自己聊天、打瞌睡。用自然手语最好，聋人观众看得明白。还有一个情况，会场有些重听人，从小学习手语习惯打手势汉语，不会自然手语。手语翻译打自然手语的时候，会场的重听人打手势汉语提问，手语翻译最好也跟着打手势汉语，要根据情况灵活处理。不要固执己见，要看观众，观众看得舒服，看得明白就好，不用担心。他向我道谢，高高兴兴地走了。

4.2 口语手译

• 法律工作中的手语翻译

请扫描二维码，观看这部分的参考译文。也可提出自己的不同译法。

第十课
聋人与保险

本课内容提要

一、理论讲解
译前准备——长期准备

二、译前准备
2.1 主题知识准备
保险业务简介
2.2 语言准备
保险业务的常用词句

三、对话传译
3.0 介绍大病保险

四、篇章传译
4.1 手语口译
残疾人旅游投保
4.2 口语手译
旅游保险的介绍

五、参考译文
3.0 介绍大病保险
4.1 手语口译
残疾人旅游投保
4.2 口语手译
旅游保险的介绍

译前准备——长期准备

译员的译前准备可分为长期准备和针对具体任务的短期准备。

翻译工作是个涉及不同专业领域、不同场合、不同人群的充满变化和挑战的工作。长期准备包括译员双语能力、百科知识及专业知识的长期积累和提高。对手语译员来说，由于目前手语翻译双语对照的资源还非常稀缺，自建手语翻译术语库是一个行之有效的自我提升的办法。译员可以根据自己经常需要从事的翻译领域建立一个高频词句的双语对照手语翻译术语库，比如经常要上电视新闻的手语译员可以把平时经常需要用到的词句不断积累收集起来，邀请手语好的聋人一起协助提供手语翻译版本，邀请同行也一起来不断丰富新闻手语的术语库，这样建立一个可供新闻手语翻译参考和共享的手语翻译范本，供译员平时自学使用，也方便用时能快速查找。如果译员平时需要经常接触到司法传译，可以自建司法传译高频词句的手语翻译术语库，邀请同行一起提供各自收集的术语，实现资源的共享。

术语库的建立过程中要注重翻译策略的选择。翻译是一个包括跨语言、文化和意识形态的重新语境化过程，它不仅涉及汉语和手语这两种不同类型的语言的表达方式，还关系到发言人、译者和受众三者关系，包括他们在意识形态、知识结构、社会文化等方面的异同。因此译入手语的翻译策略选择应尽量适合聋人文化和聋人群体认知水平和接受度。

另一点需要特别注意的是，翻译没有唯一标准版本，而只有更容易为受众接受或者个人更喜欢的版本。对此，在制定术语库时译员除了要参考《国家通用手语常用词表》《国家通用手语词典》的词汇之外，还需要尊重手语的语言学规律，并考虑地区差异。

此外，术语库具有动态发展的属性，译员在每一次的翻译实践后，都可以对术语库不断扩充，对库内术语不断修正，确保术语库与时俱进。

二、译前准备

2.1 主题知识准备

本课主题内容与保险有关。随着大众对保险意识的增强，对投保需求量的增大，保险涉及的业务范围越来越广，项目越来越细化。很多聋人朋友也开始关注车险、意外险的一些产品。在这一课中我们设计的内容主要是大病保险和旅游中的投保。译员在正式学习前可到保险公司网站（如中国人保、新华保险、平安保险等），了解一些常见的保险种类、相关概念、理赔程序等内容。同时，在翻译过程中还要准确掌握聋人的咨询内容和具体需求，特别是保险理赔的相关手续和步骤的说明。了解并熟悉这些专业知识将有助于实际翻译工作。

2.2 语言准备

请熟悉以下保险常用词句：

医疗保险/意外险/人身保险/大病保险

报销/报销凭证/报销手续

医保卡

业务流程

封顶限制

旅游/自驾游/跟团游

看病时带医保卡

保障对象

保险公司进行理赔

投保前的体检

旅行社的责任

三、对话传译

3.0 介绍大病保险

情景介绍：

聋人小赵向朋友小王咨询有关大病保险的政策，请你为他们的对话做传译。

短语与句子：

请扫描二维码，提前熟悉对话中的短语和句子。

电视新闻中多次提到"大病保险"

医保是有上限封顶的

社会商业大病保险

保障对象是城镇居民，还有新农合的参保人

比如自付费用超过了额度，因病致贫

具体的报销比例都是由当地政府决定的

我们了解一下相关政策

传译练习：

请扫描二维码，根据视频内容进行传译练习。也可三人一组进行角色扮演，一位同学扮演小赵，一位扮演小王，一位为手语译员。

📖 对话文稿

小　赵：最近|电视+新闻|多次+提到|大+病+保险，和|社会|商业+大病+保险|一样？

小　王：不一样。政府说的"大病保险"是和"医保"有关系的。

小　赵：我|知道|医保。我|去|看病|时，带|医保+卡，这|直接|报销|是++？

小　王：不一样。医保是有上限封顶的。得了重大的疾病，花费超过了上限的时候，大病保险就管用了。

小　赵：哦，我|一直|以前|觉得|医保|都|报销|可以，每人|享受|大+病+保险，可以？

小　王：不。它的保障对象是城镇居民，还有新农合参保人。

小　赵：大+病|这|包括|什么？

小　王：在有一些城市，大病不是专指什么特别的病，而是根据个人的花销来判定的。比如说，如果自付费用超过了额度，导致了因病致贫的现象，这个病就算大病了。

小　赵：医保|报销|这|除外，这|报销|多少|

小　王：具体的报销比例是由当地政府来决定的。一般呢不低于50%。原则上，花费的越多，报销的比例越高。

小　赵：看病|医|和|我们|每人|有|关，这|关系|政府　规则|了解。

四、篇章传译

4.1 手语口译

● 残疾人旅游投保

情景介绍：

聋人旅游达人讲述如何旅游投保，保障自己的权益。

短语与句子：

请扫描二维码，提前熟悉语篇中的短语和句子。

残疾人能不能购买旅游险

我的朋友把他的经历介绍给我

他调查咨询了很多家保险公司

在办理（投保过程）中，（小李）发现旅游行程会拖后

他已经定好行程，没办法推迟

后悔自己之前没有提前了解（残疾人投保的）相关事宜

会比健全人困难，限制大，也复杂得多

酒店、机票都会受到影响

旅游险可以买，而且必须买

各地的保险项目不同

社会大力推进无障碍环境建设

传译练习：

请扫描二维码，根据视频内容进行传译练习。

📖 语篇转写：

最近|聋人|多|询问++(→我)：残疾人|买|旅游+险|可以？我|介绍|告诉。

我|朋友|体验+了|介绍(→我)：他|父母|1+2(左右手)|带|旅游。计划|准备|好|完了|他|想|给(→第三方)|父母|办|旅游+险。他|爸爸|肢残。调查(询问)|公司|什么，询问|成功，有|1|这|符合。办|发现|时间|延迟|什么？这|项目|要|本人|来|看|体检，要|时间|要|花|多。以前|订票|全好，不行|拖延|，宾馆|航班|影响|拖延|怎么办？后悔|以前|调查|了解|好，叹气。

我|告诉|大家|想：残疾人|买|旅游+险|可以|肯定，这|残疾人|买|健全人，相比|困难|限制|复杂|多|。看|他|程度|什么|轻，残疾|轻|办|时间|快，容易|好。还有，|这|公司|各地|项目|不同++。什么|合适，调查|什么|合适，这|项目|什么，本人|还有|体检|如果|检查|项目|符合|通过|拿出|买|可以。

现在|大家|社会|力量|支持|哪|无+障碍|建筑|残疾人|起飞+++|可以|多|不+方便|如果|买了|好|自己|保护|好|还有|亲戚|朋友|安心|好|。

4.2 口语手译

• 旅游保险的介绍

情景介绍：

保险公司业务员介绍旅游保险的相关情况。

短语与句子：

请扫描二维码，提前熟悉语篇中的短语和句子。

……是人身意外伤害险的一种

符合保险合同约定的保险事故

无论是由于旅行社的责任、个人过失还是由于其他各类突发事件……

被保险人可获得个人保障

混淆了"旅行社责任险"和"旅游意外险"

旅行社责任造成的游客损失与伤害

旅行社的责任导致发生意外，游客可以向旅行社索赔

因为自身原因引起的各种损失，或个人过失导致的人身伤亡、财产损失

传译练习：

请扫描二维码，根据音频内容进行传译练习。或两人一组，一人发言，一人练习传译。

📖 **语篇文稿：**

  旅游保险是人身意外伤害险的一种。只要符合保险合同约定的保险事故，无论是由于旅行社的责任、个人过失，还是由于其他各类突发事件，被保险人都可以获得保障。大多数参团的游客认为，买不买旅游保险无所谓，反正是跟旅行社一起出游，已经有了旅行社责任险，旅游保险就没有必要再投保了。那么，旅游保险到底该不该买呢？实际上这是游客混淆了旅行社责任险和旅游意外险两个险种。

  旅行社责任险保障范围是旅行社责任造成的游客损失与伤害。游客如果是跟团游，在旅途中因为旅行社的责任导致发生意外，游客可以向旅行社索赔，由负责旅行社责任险的保险公司赔偿损失。但游客如果因为自身原因引起的各种损失，或个人过失导致的人身伤亡、财产损失，以及由此产生的各种费用，旅行社是不承担赔付的。因此，游客在外出旅游前，一定要为自己选择一种旅游保险，同时对自己所选择的保险要有一定的了解，为自身安全提供保障。

3.0 介绍大病保险

请扫描二维码，观看这部分的参考译文。也可提出自己的不同译法。

小　赵：最近我看电视新闻中多次提到"大病保险"，这和社会上的商业大病保险一样吗？

小　王：不一样！政府|""|大病+保险|""|医保|这|那|关系|有。

小　赵：我知道医保。看病时都带着医保卡。那不是直接就报销了吗？

小　王：不一样！医保|钱|超|不行。病+重|很，钱|支付++|超，""|大+病+保险|用++。

小　赵：我一直以为医保能全部报销呢！所有人都可以享受大病保险吗？

小　王：不！这|保险|针对|城镇|居民，还有|新+农合|参+保+人。

小　赵：那大病都包括什么呢？

小　王：城市|各地|数|有，大+病|特别|病，不是，是|根据|个人|支付++|定。比如|如果|自己+支付+钱|超|定|支付++，病|贫穷，算|大+病。

小　赵：除了医保报销以外，这个还能报销多少？

小　王：报销|多少|具体|当地|政府|定，一般|50%|低，不。原则|支付++|高，报销|高。

小　赵：看病就医和我们每个人都有关，看来我们还真应该好好了解一下相关政策。

4.1 手语口译

● 残疾人旅游投保

请阅读这部分的参考译文，也可提出自己的不同译法。

最近很多聋人咨询我：残疾人能不能购买旅游险？我想给大家讲讲。

我的朋友把他的经历介绍给我。(小李)带他的父母出去旅游。行程计划做好了，他想给老两口买旅游险。但因为他的父亲是肢残人，他调查咨询了很多家保险公司后，终于找到了一个适合父亲的旅游险。在办理投保过程中，小李发现旅游行程会延误。因为保险条款要求小李的父亲本人来做体检，要花很多时间。(可)他已经定好行程，没办法推迟，(这样)机票、酒店都会受影响。小李后悔自己之前没有提前了解残疾人投保的相关事宜。

我想告诉大家，残疾人购买旅游险是可以的，是必须要买的。但是会比健全人困难，限制更大，也复杂得多。一是要看残疾的程度。残疾程度越轻、越容易很快办理好。二是各地保险公司的条款都不相同，要查找适合自己的旅游险，看是否要求本人体检、面试。只要都通过了保险要求的，就可以进行投保。

虽然现在全社会大力推进无障碍设施的建设，残疾人坐飞机出门等都可以，但还是会遇到诸多不便。有旅游险不仅是为自己多一份保障，也能让亲人朋友更加安心。

4.2 口语手译

• 旅游保险的介绍

请扫描二维码，观看这部分的参考译文。也可提出自己的不同译法。

第十一课
留学咨询

本课内容提要

一、理论讲解
国外手语译员资格认证

二、译前准备
2.1 主题知识准备
有关留学话题的简介
2.2 语言准备
与留学相关的常用词句

三、对话传译
3.0 留学项目咨询

四、篇章传译
4.1 手语口译
申请读研
4.2 口语手译
自费留学的费用

五、参考译文
3.0 留学项目咨询
4.1 手语口译
申请读研
4.2 口语手译
自费留学的费用

国外手语译员资格认证

美国是世界上最早对手语译员进行认证的国家。美国手语译员注册中心（Registry of Interpreters for the Deaf，简称RID）成立于1964年，负责手语译员的注册认证和管理。2016年，RID成立了手语传译评价中心（Center for the Assessment of Sign Language Interpretation，简称CASLI），负责考试的管理、发展与维护，但RID仍然负责考生的资格审查和译员资格认证。RID早前认证的手语翻译证书种类很多，经过不断改革，目前RID只进行两类手语传译认证，一类面向听人译员，一类面向聋人和重听译员。报考译员资格证书需要有本科及以上学历，经过知识考核（机考）和现场翻译技能考核两个环节，通过者获得证书。

澳大利亚的手语传译认证机构是国家翻译认证局（National Accreditation Authority for Translators and Interpreters，简称NAATI），成立于1977年，负责制定、维护和推广不同语言的笔译、口译专业标准，为翻译从业者颁发证书。不同于其他国家的翻译认证机构，NAATI同时负责有声语言译员（比如英语和法语）和手语译员（即英语与澳洲手语）的资格认证。NAATI提供测试的语言多达近60种。目前，NAATI提供3种手语译员认证，分别是：手语译员认证；见习手语译员认证以及见习聋人译员认证。

和美国、澳大利亚不同的是，英国手语译员没有特定的认证考试，而是采用会员制。一般来说，英国手语译员平均培训时长7年，手语译员很多都接受过研究生教育，被认为是高门槛的专业技术人才。译员可以自由选择是否成为某机构的会员。但如果不注册很可能得不到翻译机会，客户倾向于雇佣已注册的译员，这样，如果对翻译质量不满，可以有投诉的渠道。

二、译前准备

2.1 主题知识准备

　　本课的主题内容是留学咨询。现在，渴望继续学习、并有能力出国深造的聋人越来越多，留学也成为一个热点现象。围绕这一话题，手语译员应该相应地了解一些出国留学的具体事宜，如本课涉及的留学政策、留学费用、国外学校的基本情况、签证办理等。另外也可根据聋人朋友的实际需求，关注其所选学校和心仪专业的相关情况，为他们顺利开启求学之路做好准备。

2.2 语言准备

　　请熟悉以下出国留学常用词句：

公费/自费出国留学

申请

学历/学位

感兴趣的/心仪的专业

托福、雅思、GRE考试

外语水平

硕士研究生/博士

勤工俭学

减轻负担

我们可以帮您了解一下对方的情况

还有什么特殊要求吗

搜集相关信息

三、对话传译

3.0 留学项目咨询

情景介绍：

聋人学生向留学顾问咨询相关事宜，请你为留学顾问和聋人之间的对话做传译。

短语与句子：

请扫描二维码，提前熟悉对话中的短语和句子。

这主要是针对国外留学的相关资讯

澳大利亚是留学性价比相当高的国家

心仪的大学和专业

想学习澳洲那边的文化知识还是移民呢

目前只是想开阔自己的视野，增长社会经验

雅思考试还是一定要通过的

澳洲有没有针对聋人的好政策

传译练习：

请扫描二维码，根据视频内容进行传译练习。也可三人一组进行角色扮演，一位同学扮演聋人学生，一位扮演留学顾问，一位为手语译员。

📖 **对话文稿**

留学顾问：您好！我们这主要是针对国外留学的相关资讯。请问您预期会去哪个国家呢？

聋人学生：韩国|或者|澳大利亚。

留学顾问：这样的话呢，我推荐您留意下澳洲。因为澳大利亚是一个留学性价比相当高的国家，教育的质量也是很有保障的。那请问您目前是什么学位呢？

聋人学生：大学|本科。

留学顾问：那有没有心仪的大学和专业呢？

聋人学生：墨尔本|大学|特殊|教育|专业。

留学顾问：那这个，您这次去主要是想学习澳洲那边的文化知识还是移民呢？

聋人学生：视野|开阔，社会|经验|增长(积累)。教育|条件|好|要。

留学顾问：那这个，您的雅思考过了吗？

聋人学生：雅思|考试|没有，我|英语|词汇|多，写|好，但是|
口语|听力|考试|没有(不行)，澳大利亚|针对|聋人
|政策|有|没有？

留学顾问：这个呢，据我们了解，雅思考试还是一定要通过
的。但是关于这个聋人学生的口语跟听力问题呢，
我们这不是很了解。因为接触到的聋人学生并不
多，也不知道考试方那边有没有相关的政策。至于
学校那边在开学前还需不需要递交相关的成绩和资
料呢，我们得在跟墨尔本联系之后再答复您。

聋人学生：好，微信|交换，等|你|消息。

留学顾问：哦，可以。好，那我明天给您答复。

四、篇章传译

4.1 手语口译

● 申请读研

情景介绍：

聋人学生讲述自己对留学的想法及所做的准备。

短语与句子：

请扫描二维码，提前熟悉语篇中的短语和句子。

我本科学的建筑工程	内行人都知道
继续升学深造是唯一的希望	特别钟情于景观设计学
能否申请到国外的名牌大学	大量的资料搜集
提供相关的硕士课程	反复权衡并征求了家人意见

传译练习：

请扫描二维码，根据视频内容进行传译练习。

📖 **语篇转写：**

　　我|本科|学|什么|建筑|工程。内|经历过|人|都|知道，想|要|成为|专业|建筑|设计师|要，继续|升|深|确定|唯一|希望。我|通过|各|专业|学习|实践，我|发现|自己|最|喜欢|钟情|什么|是|景观|设计学|钟情。学|升|景观|设计|我|学|硕士|目标|抓|起|这|我|目标|是。我|同|专业|学长|交流。他|介绍|告诉|我，以前|他|开始|时候|想|目标|什么？去|留学|目标|有，不知道|我|自己|可以|申请|国外|名牌|大学|可以？适应|外|学习|环境(摇头同时表情疑问)，合适|不知道。他|搜集|调查|问|搜集|决定|我|去|留学。

　　我|听|完，我|开始|搜集|资料，了解|什么？外|学校|有关|专业，第二|还有|我|发现|美国|许多|院校|有|硕士|专业|提供|课程，内|课程|丰富|比|中国。我|考虑|权衡|找|家人|意见|交流，国|外|中国|景观|设计|对比，认真思考(非手控)，我|决定|放弃|这|学习，我|转|留学|我|目标|确定。这|知道|剩|5个月|不够|怎么办？为|目标|争取|什么？托福|GRE|时间|剩|不够|怎办？找|专业|熟练|申请|留学|熟|我|找，我|算|我|相信|专业|细心|服务|能|保证|我|内|短|可以|申请|所有|完成。

4.2 口语手译

• 自费留学的费用

情景介绍:

一位留学机构工作人员介绍自费留学费用,提示自费留学要量力而行。

短语与句子:

请扫描二维码,提前熟悉语篇中的短语和句子。

不是公费留学并且没有奖学金

以美国为例

地理位置、城市的经济状况、大学的排名等等,都是影响留学

费用的因素。

通常还会给予你一定的生活补贴,可以减轻你的开销

在学期间勤工俭学

学到有价值的东西,那这笔费用就是值得的

想出国留学的同学要权衡利弊,慎重考虑

传译练习:

请扫描二维码,根据音频内容进行传译练习。或两人一组,一人
发言,一人练习传译。

📖 **语篇文稿:**

想出国留学的同学都离不开一个问题:那就是留学费用。在很多人眼中,如果不是公费留学并且没有奖学金的话,自费出国留学的价格是非常贵的。一些家庭就是因为费用问题让孩子放弃出国机会的。

以美国为例。大学分为公立和私立两种。通常私立大学的费用更高一些。另外,地理位置、城市的经济状况,大学的排名等等,都是影响留学费用的因素。此外,参加雅思、托福等语言类考试,报名参加培训班,都是不小的花费。如果有能力在家自学,那也可以省下一笔钱。

除了自费出国留学,还可以申请美国大学的奖学金。也可以申请国内的公费出国留学,通常还会给予你一定的生活补贴,可以减轻你的开销。

在学期间勤工俭学是一种不错的方式,也是很多留学生的选择。不仅可以让自己积累丰富的社会经验,也可以补贴生活费用。

自费出国留学花费虽然高,但如果你能在国外学到有价值的东西,那这笔费用就是值得的。想出国留学的同学要衡量利弊,慎重考虑。不要就为一张国外大学的毕业证而盲目消费。

五、参考译文

3.0 留学项目咨询

请扫描二维码，观看这部分的参考译文。也可提出自己的不同译法。

留学顾问：您好！我们|这|消息|针对|外国|留学。你|期待|外国|哪儿？

聋人学生：韩国或者澳大利亚。

留学顾问：像|这样，我|推荐|澳大利亚|你|看|好？留学|质量|价格|比|澳大利亚|好，教育|质量|保障|有。问|你|学位|什么？

聋人学生：大学本科。

留学顾问：大学|专业|心|喜欢|有？

聋人学生：墨尔本大学的特殊教育专业。

留学顾问：你|现在|去|澳大利亚|主要|想|一个|文化|知识|一个移民|这两|哪个？

聋人学生：目前只是想开阔自己的视野，增长社会经验。想拥有更好的教育条件。

留学顾问：雅思|考试|完了？

聋人学生：雅思还没有考，我的英语词汇量很大，笔试没问题，但是口语和听力对我来说考试很难通过，澳洲有没有针对聋人的好政策？

留学顾问：我们|根据|了解，雅思|一定|考试|通过。但是|聋人|学生|口语|听力，我们|了解|不行。聋人|学生|接触|少，考试|政策|有关|有|我们|不知道。学校|开学|前|成绩|资料|给|要，我们|墨尔本|联系|完|告诉。

聋人学生：好的，我加您微信，等您消息。

留学顾问：可以，明天|告诉。

4.1 手语口译

● 申请读研

请阅读这部分的参考译文，也可提出自己的不同译法。

　　我本科学的建筑工程。内行人都知道，要想成为专业的建筑设计师，只能寄希望于继续升学深造。通过各门专业课的学习和实践，我发现自己特别钟情于景观设计学。我决定把景观设计定为我硕士学习的专业目标。我和同专业的一位学长交流，他告诉我，他开始也是想出国留学的，但不知道自己能否申请到国外的名牌大学，也不知道能否适应国外的学习环境。他是在进行了大量的资料搜集、了解了很多情况后才下决心留学的。

　　听了他的介绍，我也开始搜集资料，了解国外院校的相关专业。我发现美国的许多院校也提供相关的硕士课程，课程比国内更丰富。我反复权衡并征求了家人意见，比对国内外景观设计专业，经过了认真思考之后，我决定放弃在国内深造，目标改为出国留学。我知道就只剩下5个月时间了，我得为达成目标努力，完成托福和GRE考试，时间不够用。所以我找到了一家对留学咨询非常了解的公司。相信他们专业、细心的服务能保证我在短时间内完成所有的申请工作。

4.2 口语手译

● 自费留学的费用

请扫描二维码，观看这部分的参考译文。也可提出自己的不同译法。

第十二课
公证事例

本课内容提要

一、理论讲解
译前准备——任务前准备

二、译前准备
2.1 主题知识准备
公证的概念及特点
2.2 语言准备
与公证相关的常用词句

三、对话传译
3.0 出国留学公证

四、篇章传译
4.1 手语口译
房产继承
4.2 口语手译
财产继承权

五、参考译文
3.0 出国留学公证
4.1 手语口译
房产继承
4.2 口语手译
财产继承权

一、理论讲解

译前准备——任务前准备

一般来说，在接受了翻译任务后译员都需要进行必要的、有针对性的任务前准备。无论译员有多么丰富的经验，每次翻译任务都可能有意外情况发生，所以不应掉以轻心，而应有职业态度，有针对地进行必要的准备，以确保传译活动的质量，降低可能出现的意外风险。针对具体翻译任务的译前准备可从以下几个方面着手：

一、了解自己的服务对象。不同地区、不同受教育程度的聋人手语会有较大差异。条件允许的情况下，译员要尽可能提前和服务对象进行当面或者视频沟通，多了解对方的背景，在翻译过程中适当调整自己的语言，便于更好地服务聋人。

二、提前向活动主办方或者客户索要相关文件，如活动安排、参与方的名单、头衔、背景、PPT讲稿等相关资料，了解可能涉及的内容，提前准备相关的专业术语。

三、提前去翻译场所踩点，观察翻译的环境和位置安排，提前试用试听相关设备，如发现不适合手语翻译站位的安排，或者现场光线、投影等可能会影响译员或聋人受众接收信息，一定要及时和主办方沟通，尽快解决，确保活动能顺利进行。

四、译员团队要事先分工合作，协调好上台的顺序及轮换时间，一位译员主翻时搭档应保持警惕随时协助和提醒，真正做到团队合作，而不是孤军奋战。

五、着装要符合场合的要求。正式场合的活动译员要着正装，非正式场合也应注意整洁干净，尽量着深色、素色上衣，避免不适合手语传译的过杂颜色或者耳环手链等饰物，体现出译员的职业性。

二、译前准备

2.1 主题知识准备

　　本课主题为公证。公证制度是国家司法制度的组成部分，是在发生民事争议之前，对法律行为和有法律意义的文书、事实的真实性和合法性给予认可，借以防止纠纷，减少诉讼。公证的事项有十余种，分类细、涵盖广。手语译员如需要陪客户进行公正，在翻译前需要做充足的准备。比如本课涉及留学公证、房产继承公证和遗产继承公证，可在相关官网或通过专业人士，了解每类公证办理需携带的证件及具体办理的流程等，这样翻译时能得心应手，确保翻译无误。

2.2 语言准备

　　请熟悉以下公证常用词句：

公证(处)

出国留学

学历/户口/资产/遗嘱公证

户口本/户籍证明

分开缴费

房产继承

顺位继承

按相关程序办理

独生子女

财产继承

房屋过户

享有同等继承权

承担赡养责任

公证处盖章的公证书

法院判决书

合法有效的遗嘱

三、对话传译

3.0 出国留学公证

情景介绍：

聋人小王办理留学公证，请你为公证处工作人员和聋人之间的对话做传译。

短语与句子：

请扫描二维码，提前熟悉对话中的短语和句子。

出国

留学

具体需要哪些公证呢

我需要您的身份证和出生证明

如果是外来的读书或工作人员

顺便再帮您开个缴费单

加急处理的话就只要两个工作日

传译练习：

请扫描二维码，根据视频内容进行传译练习。也可三人一组进行角色扮演，一位同学扮演聋人学生，一位扮演工作人员，一位为手语译员。

📖 对话文稿

工作人员：您好，请问需要办理什么？

小　　王：我|想|办|出国|留学|公证。

工作人员：那具体需要哪些公证呢？

小　　王：出生公证|户口本公证|学历公证。

工作人员：那这个是您本人办理是吧？那我需要您的身份证和出生证明。王平，北京人，是吧？在北京办理的话呢必须得是当地的居民。如果是外来的读书或工作人员呢，必须得有在北京工作和学习的相关证明才可以。那是这样，我还需要您的户口本和父母的结婚证。

小　　王：幸好|全|齐|够了，去|不用。

工作人员：那行，那这些资料呢我就拿去帮您复印一下。然后呢顺便再帮您开个缴费单。

小　　王：时间|多|拿|好？

工作人员：这个的话，加急处（办）理呢就只要两个工作日。不过，如果普通处（办）理呢就十个工作日，就差不多两个礼拜的样子。

小　　王：你|普通|办。还有|我|学历|公证。我|学历|学位|证。

工作人员：那这两个是要分开处（办）理然后分开收费的。那您又要怎么办理呢？

小　　王：这个|这个|要。你|帮我|开单子|签，一起|交。

工作人员：好，那等我一下。……您拿着这个去一号窗口缴费，然后呢那边工作人员会帮您盖章。之后呢您回家等十个工作日，回来去二号窗口拿证就行了。还有什么问题吗？

小　　王：没有|谢谢！

四、篇章传译

4.1 手语口译

● 房产继承

情景介绍：

聋人讲述关于房产继承的法律规定。

短语与句子：

请扫描二维码，提前熟悉语篇中的短语和句子。

父母去世后家里房产继承发生纠纷

到底按什么顺序来定

第一顺位继承人首先是我老婆、子女和父母

他们享有同等的继承权

姑姑承担起爷爷奶奶的赡养责任

以自己是聋人为由去法院申请要回一套房子

我回去研究了《继承法》，发现并非如此

传译练习：

请扫描二维码，根据视频内容进行传译练习。

📖 语篇转写：

|多|朋友|担心，自己|父母|死亡|以后|房子|如何||竞争|如何？如果|家里|亲戚|在||房子|竞争|分配|如何？

|我|简单|说，如果|我|死亡，房子|给|谁？我|父母|给[他们]，我|老婆|给[她]，我|孩子|给[他]，顺序[右手捏合]|决定|谁？我|告诉。给[左手拇指]|是|我-老婆、孩子、父母。配偶、孩子、父母|法定|顺序[右手捏合]|平等，他们|享有|继承权|平等。如果|我|死亡|时候，我-配偶、父母|都|死亡，我-孩子|给[左手拇指]。如果|我|孩子|没有②，给[左手食指]！明白？

|给[左手食指]|谁？如果|我|配偶、孩子、父母|都|死亡，我|房子|给[左手食指]|兄弟、姐妹、爷爷奶奶、外公外婆|顺序[右手捏合]|

|说|为什么？早-好像|2003|或者|2004，我|1|朋友|父母|突然|死亡，爷爷奶奶|指[姑姑]|姑姑|承担|喂养①[爷爷奶奶]，直到|爷爷奶奶|死亡。爷爷奶奶|死亡|以后|遗留|房子|3，姑姑|占领，我-朋友|哀求|房子|给[己方]|居住|可以？指[姑姑]|姑姑|狠心，拒绝，房子|1|给[他]|不行②|

|我|看|同情，指[姑姑]|姑姑|狠心，房子|3，照顾[他]|他|聋人|房子|给[他]|不行[②]！我|劝告|他|自己|是|聋人|去|法院|投诉|房子|给[他]|1。他|说|不行[②]！多|亲戚|朋友|询问|完了，都|说|姑姑|爷爷奶奶|指[左]>[右]|血缘|女儿，房子|应该|给[姑姑]|姑姑，他|是|孙子，继承权|没有[②]。我|去|研究|《继承权》，发现|不是。我-朋友|姑姑|父亲|爷爷奶奶|2|指[姑姑-父亲]|血缘|孩子，都是|给[左手拇指]，法定|继承权|平等。爷爷奶奶|死亡，房子|给[左手拇指]|姑姑、父亲。爷爷奶奶|在-时候，父亲|死亡，房子|自己|接受。我-朋友|去|法院|投诉|自己|继承权|可以|

4.2 口语手译

● 财产继承权

情景介绍：

讲述人通过具体事例，讲述独生子女在财产继承中会遇到的问题。

短语与句子：

请扫描二维码，提前熟悉语篇中的短语和句子。

财产继承权

《继承法》其实并不是完全如此

一则独生子女继承父母房产受阻的消息，值得大家关注

不料却在过户的时候出现了意想不到的大麻烦

拿着相关资料到房管局办理过户手续

公证处盖章的继承公证书或法院的判决书

父母过世后没有合法有效的遗嘱

确认他们都放弃继承，小芳才能获得完全产权过户

只有预先过户或留下合法遗嘱才算数

传译练习：

请扫描二维码，根据音频内容进行传译练习。或两人一组，一人发言，一人练习传译。

　　财产继承权一直都是人们关注的话题，很多人认为父母去世后留下的财产由子女分。假如是独生子女的话，财产当然也是一人所有。然而《继承法》其实并不是完全如此。曾经有一则独生子女继承父母房产受阻的消息，值得大家关注。

　　当事人小芳是父母的独生女。父母两三年前去世，过世的时候有套100平米的房子留给小芳。不料却在过户的时候出现了意想不到的大麻烦。小芳拿着相关资料到房管局办理过户手续的时候，遭到了拒绝。因为财产的所有权不完全属于小芳，无法办理过户手续。房管局工作人员说，需要小芳拿到公证处盖章的继承公证书或法院的判决书等证明文件才能办理过户。办理公证的时候工作人员却告诉她，因为父母过世后没有合法有效的遗嘱，要把父母的直系亲属找过来，比如在世的爷爷奶奶、外公外婆这些亲戚，之后才能办理公证。这些直系亲属都有继承权，要确认他们都放弃继承，小芳才能获得完全产权过户。看着这一堆名字的家人名单，小芳就懵了。

　　专家表示，独生子女并不是父母财产的唯一继承人。只有预先过户或留下合法遗嘱才算数。

五、参考译文

3.0 出国留学公证

请扫描二维码，观看这部分的参考译文。也可提出自己的不同译法。

业务员：您好|办理|要|什么？

小　王：我想办出国留学公证书。

业务员：公证|具体|要|什么？

小　王：出生公证、户口本公证和学历公证。

业务员：你|自己|办(表情疑问)？我|要|你|身份证|出生证
　　　　明。王平，北京人，是(表情疑问)？这|北京|办必须|
　　　　这|住|民。如果|外|来|读书|或者|工作员，必须|有|
　　　　北京|工作|学习|有关|证明|可以。我|要你|户口本|
　　　　父母|结婚证。

小　王：幸好我把所有证件都带齐了，要不还要多跑几趟。

业务员：这|东西|帮|复印。再|有|帮|写|交钱|表。

小　王：多长时间能拿到手？

业务员：急|用|两天|工作|日。一般|办|十天|工作|日，两个|
　　　　礼拜|差不多。

小　王：就按普通办理吧。还有我的学历公证。这是我的学
　　　　历、学位证书。

业务员：这|分|办(在身体左侧打)|收|钱(在身体右侧打)。你|
　　　　想|办|食指朝左右各点一下|什么？

小　王：两个都要吧。您帮我把所有费用都开好单子，我一起
　　　　交。

业务员：等|这|拿|去|窗口|缴费，他|帮|盖章。你|回家|十天
　　　　|工作|日，等|来|二号|窗口|拿|证|可以。问题|还|
　　　　摊双手？

小　王：没有了，非常感谢！

4.1 手语口译

● 房产继承

请阅读这部分的参考译文，也可提出自己的不同译法。

　　很多朋友担心，自己的父母去世后家里房产继承发生纠纷怎么办？亲戚间应该如何分配呢？

　　我简单给大家讲讲。如果我本人死了，房子留给谁？是我父母，我老婆，还是我孩子？到底按什么顺序来定？我告诉你。第一顺位继承人首先是我老婆、子女和父母。配偶、子女和父母的法定继承地位是平等的，因此他们享有同等的继承权。如果在我去世时我的配偶、父母都已经去世了，则由我的子女继承。如果没有孩子，则由第二顺位继承人继承！明白吧！

　　第二顺位继承人是谁呢？如果我的配偶、子女、父母都不在了，我的房子就给我的兄弟姐妹、祖父母和外祖父母继承。

　　为什么要说这些呢？早些时候，好像是2003年或2004年，我一位朋友的父亲突然去世，他姑姑承担起爷爷奶奶的赡养责任，直到爷爷奶奶去世。爷爷奶奶去世后留下的三套房子姑姑都占了。他哀求姑姑能不能留出一套房子给他住，他姑姑非常狠心，拒绝了他，一套房子也不肯给。

　　我看着非常同情，他姑姑心太狠了，有三套房子，照顾他是聋人分出一套给他都不行啊！我劝他以自己是聋人为由去法院申请要回一套房子。他说不行！他问过很多亲戚朋友，都说姑姑是爷爷奶奶的亲生子女，房子应该是姑姑的，他作为孙子没有继承权。我回去研究了《继承法》，发现并非如此。我朋友的姑姑和父亲都是他爷爷奶奶的亲生子女，都是第一顺位继承人，具有平等的法定继承权。爷爷奶奶没了，房子首先给他姑姑和父亲继承。当他父亲先于爷爷奶奶去世时，他作为父亲的晚辈直系血亲可代位继承，继承他父亲有权继承的份额。因此我朋友可以向法院主张自己的继承权。

4.2 口语手译

● 财产继承权

请扫描二维码，观看这部分的参考译文。也可提出自己的不同译法。

第十三课
专业课程

一、理论讲解

职场翻译质量的评价维度

职场翻译行为和我们平时为了提高自己或者为了自娱自乐而做的翻译练习有所不同。在课堂或者课下做翻译练习时，我们关注的焦点往往是词和句子的对应等语言问题。而职场翻译是发生在真实交际场合的、牵涉到不同的交际参与方的一种职业行为，因此翻译的成功与否更多取决于实际的交际效果和各方的满意度，这其中有不少是非语言因素决定的。因此，职场翻译比起课堂翻译练习会有更丰富的评价维度。

一般来说职场翻译都有委托人，委托人可以是参与交际的一方，如聋人或者听人一方，但也可能是不直接参与活动的第三方，如翻译公司、会议主办方等。委托人通常是付费的一方，他们即使没有直接看到译员的翻译，也会通过客户反馈或者在和译员的工作沟通过程中对译员进行基本的判断，比如这位译员在沟通过程是否礼貌得体，反馈是否及时，是否在翻译工作现场有迟到早退现象等等，这些细节往往能够让委托人对译员产生好的或者不好的印象，也决定着下次翻译活动是否会继续和这位译员合作。

对于发言人来说，很多时候他们是单语者，或者并不能现场判断译员的翻译是否准确，比如聋人手语发言时，听人客户并不一定知道译员的口语产出是否和手语内容相匹配。同理，听人发言后，聋人受众也未必知道手语译员的手语表达的内容是否和听人发言的内容相符。尽管如此，客户也能从译员产出是否流畅、内容是否清楚有条理、所期待的受众反应是否及时等各种迹象来判断这位译员是否合格，是否值得信任。

最能判断译员翻译质量的应该是双语发言人、双语受众以及翻译同行。他们不仅能评价译员的职业行为是否规范，也能判断他们的信息是否忠实准确。

由于实际翻译工作存在多维度的评价，因此在进行手语翻译训练时，需要充分考虑职场的各个因素，不应只关注语言，还应调整自己的翻译行为和策略，提高翻译服务的满意度。

二、译前准备

2.1 主题知识准备

    本课的主题为专业课程。现在有很多为入职而开办的专业（专题）培训、讲座，都很适合聋人参加。本课选取了"成为咖啡师""插花培训"和"手语基本知识"三个内容。手语译员在译前准备中应重点了解课程中的专业词汇，有操作演示内容时，应提前沟通，处理好观摩实操和手语翻译的步骤。可通过网页查询或咨询专业人士的方式，了解基本常识和操作方法，为实际翻译工作打好基础。

2.2 语言准备

请熟悉以下专业课程常用词句：

咖啡/茶艺/插花/品酒/摄影

咖啡师/茶艺师/面点师

整体性

系统性

便于操作

制作技术有哪些，容易掌握吗

需要熟记要点，多练习

通过一些技巧提高……

三、对话传译

3.0 成为咖啡师

情景介绍：

听人学员向聋人老师咨询成为咖啡师要学习的内容，请你为学员
和老师之间的对话做传译。

短语与句子：

请扫描二维码，提前熟悉对话中的短语和句子。

咖啡豆有很多种类，你要能进行基本的鉴别

根据咖啡豆的特性搭配出不同的口味

如何服务好顾客，传播咖啡文化

原产地出产的单一咖啡豆磨制而成的咖啡一般叫单品咖啡

口感清新柔和，也有的香醇顺滑

不同的咖啡设备

不应该用来捣碎方糖

传译练习：

请扫描二维码，根据视频内容进行传译练习。也可三人一组进行
角色扮演，一位同学扮演听人学员，一位扮演聋人老师，一位为
手语译员。

📖 **对话文稿**

学　员：张老师，我知道呢您一直在做咖啡师。那我对这个呢也特感兴趣。就想跟
　　　　您了解一下，如果我想成为一名咖啡师，我需要就是学习哪些内容呢？

张老师：咖啡豆|种类|多，鉴别|会|要。咖啡豆|不同|搭配|口味|不一样。还|
　　　　咖啡|设备|不一样，选用|会|要。所有这些|会|制作|咖啡|美味|完？
　　　　还有|来的|顾客|服务|要，咖啡|文化|传播|要。

学员：那它这咖啡的种类有哪些呢？

张老师：咖啡|大家|都|知道|有什么？意大利|咖啡|美国|咖啡。咖啡店|看|多
　　　　|什么|卡布奇诺|拿铁|摩卡|等等。原产地|咖啡|单一|拿来|磨粉|它|
　　　　名|单(品)咖啡。咖啡|多数|糖|放|不，奶|放|不必。一|喝|品尝|味道
　　　　|清柔，也|香|滑。带|粉|高|卖|贵。

学　员：制作咖啡的技术又有哪些呢？容易掌握吗？

张老师：手冲|虹吸壶，还|咖啡机|意大利。不管|什么，练习|多|全部|会|要。

学　员：哎，那这喝咖啡也总得有礼仪吧？

张老师：有。比如|咖啡匙|做什么|搅拌，舀着喝|不行|放在旁边。糖|方|砸|粉末|不。
　　　　方糖|放|杯子|给。还|如果|你|自己|邀请|客人，你|问问|糖|奶|要不要。

学　员：好，谢谢！

四、篇章传译

4.1 手语口译

● 手语的构词方式

情景介绍：

聋人老师在手语课上介绍手语构词的一些基本方法。

短语与句子：

请扫描二维码，提前熟悉语篇中的短语和句子。

手语属于视觉性语言

聋人每一个手语词汇都表达意义

这样打手语的时候可以应付各种各样的手语词汇，并能够记住

和熟练掌握它们

在手语词汇构词法中最关键的是模仿事物形象的仿形构词。

今夜抬头望满月，让我心中怀憧憬

不用考虑打法准不准，抓好外形特征的打法

传译练习：

请扫描二维码，根据视频内容进行传译练习。

📖 语篇转写：

手语|看|觉得|性质|语言|包含|这|是，一|种|美|三|D|语言，像|英语、法语、日语|一样|有|自己|语言|体系，这些|平等，聋人|手语|每一个|手语|词汇|里面|意思|表达|包含|有。手语|翻译|提前|手语|构词|方法|了解|知道|要，你|构词|方法|全部|熟记|知道，手语|战胜|多|词汇|全|熟记|手语|熟练|可以。

在|手语|构词|方法|重要|看|形象|模仿|词汇|重要。根据|东西、动物、人|脸|形象|模仿|要，主要|看|大家|模仿|能力|技巧|丰富，手语|战胜|熟练|用。

我|给|举例，"月"|这个|词|想|联|系列|多|词汇，"弯月"|"月圆"|"月半斜"|简单。我|给|比方|"今天|晚上|我|看|月圆，给|我|精神"，简单！|"满"|"月"|一起|不用，手语|唯一|"月圆"|简单|展示|可以。

再|举例|"椅子"。右手有弹性|表示"沙发"；还有|"高背椅""低背椅""转椅"，像转椅是这样转动的；还有|"折叠椅"，是这样可折叠的，中|睡觉|折叠。表达|清楚。

再|"WIFI"，"烟缸"，还有|厕所|马桶，还有|很多|都是|模仿|形象，还|考虑|准|不准|考虑|不，重要|形象|抓|特点|，让|聋人|看|懂|就|ok。你|要|掌握|形象|模仿|练习|锻炼，你|翻译|熟练|战胜|你|可以。

4.2 口语手译

● 插花技巧

情景介绍:

一位插花师介绍插花的技巧。

短语与句子:

请扫描二维码，提前熟悉语篇中的短语和句子。

他们把养花、插花当成一种生活乐趣

插花作品讲究看整体性

一般情况下，作品里的颜色搭配有三种就够了

选定花束的中心区域，让左右搭配得更协调

都完成后还要观察一下整体结构是否美观

周围分布着的鲜花、野草，高低要进行合理的分配

传译练习:

请扫描二维码，根据音频内容进行传译练习。或两人一组，一人发言，一人练习传译。

📖 **语篇文稿:**

　　日常生活中我们身边有很多爱花的朋友，他们把养花、插花当成一种生活乐趣。插花分很多类型，但不管哪一种都需要掌握一些技巧。今天我就给爱插花的朋友介绍几个要点。

　　首先，要选择合适的花瓶。插花作品讲究看整体性。花瓶和花束要搭配，花瓶的形状、颜色、高矮，都对作品的美感产生影响。如果你选择的花是直线条的，就是枝干细长的花，你就应该选择高、细的花瓶来搭配。其次，花材的搭配要准确。花材是没有好坏之分的，所以准确搭配很重要。尤其是花和花瓶的颜色搭配特别重要。一般情况下，作品里的颜色搭配有三种就够了。第三，插花做完之后要进行修剪。放入花瓶之前要决定作品整体的最高点。其次选定花束的中心区域，让左右搭配得更协调，把最醒目的花放在中间，这样花束的整体搭配就合适了。

　　都完成后还要观察一下整体结构是否美观。不好的话再重新搭配、修剪。作品大致完成后，要确定它的中轴线。沿着这条中轴线，周围分布着的鲜花、野草，高低要进行合理的分配。相信大家了解并掌握了这几点，插花作品会呈现得更完美。

3.0 成为咖啡师

请扫描二维码，观看这部分的参考译文。也可提出自己的不同译法。

学　员：老师，你|一直|做|咖啡|老师|我|知道。这|兴趣，问|了解。如果|我|想|做|咖啡|老师，要|学习|内容|什么？

张老师：咖啡豆有很多种类，你要能进行基本的鉴别。根据咖啡豆的特性搭配出不同的口味。另外还要学会使用不同的咖啡设备。这些都学会才能制作美味咖啡！另外，还要学习如何服务好顾客，传播咖啡文化。

学　员：咖啡|种类|什么？

张老师：大家都比较熟悉的有意式咖啡和美式咖啡。我们在大多数咖啡店会看到的有卡布奇诺，拿铁，摩卡等等。原产地出产的单一咖啡豆磨制而成的咖啡一般叫单品咖啡。喝的时候一般不加奶或糖，口感清新柔和，也有的香醇顺滑。但成本高所以售价也贵。

学　员：咖啡|做|技术|什么？掌握|容易(询问表情)？

张老师：有手冲咖啡，有的用虹吸壶，还有意式咖啡机。不管哪种，都需要多练习才能掌握好。

学　员：喝|咖啡|礼仪|各种|有(询问表情)？

张老师：有啊。比如，咖啡匙是用来搅拌的，喝的时候一定要从杯子里拿出来，不要一勺一勺地舀着喝，更不应该用来捣碎方糖。另外，如果是自己邀请客人，那咖啡里是否加糖和奶应该根据客人自己的需要。

学　员：谢谢！

4.1 手语口译

● 手语的构词方式

请阅读这部分的参考译文，也可提出自己的不同译法。

　　手语属于视觉性语言，是一种美妙的三维语言，像英语、法语、日语一样有自己的语言体系，这些语言都是平等的。聋人每一个手语词汇都含有表达意义。手语翻译事先要知道和了解手语词汇构词方法，这样打手语的时候可以应付各种各样的手语词汇，并能够记住和熟练掌握它们。

在手语词汇构词法中最关键的是模仿事物形象的仿形构词。根据东西、动物、人脸外形进行模仿，怎么打主要看个人的模仿能力和水平，对大家熟练掌握手语很有用。我给大家举个例子，"月"这个词可以联想到很多相关的手语词汇，像"弯月""月圆""月半斜"这些简单的打法。我打个比方"今夜抬头望满月，让我心中怀憧憬"，这样打多简单！"满月"不是"满"和"月"加在一起打的，打一个手语词汇"月圆"就可以了。

再举一个例子"椅子"，左手仿椅背右手仿椅座。右手有弹性表示"沙发"；模仿"高背椅""低背椅""转椅"，像转椅是这样转动的；还有模仿"折叠椅"，是这样可折叠的，中午睡觉用。这样表达清楚。再例如模仿"WIFI"图标，模仿"烟缸"外形，模仿"马桶"等等，都是仿形的，不用考虑打法准不准，抓好外形和特征的打法，让聋人看得懂就行。只要经常练习模仿外形和特征，一定能胜任(更多的翻译工作)。

4.2 口语手译

● 插花技巧

请扫描二维码，观看这部分的参考译文。也可提出自己的不同译法。

第十四课
法律咨询1

本课内容提要

一、理论讲解
司法传译的特点

二、译前准备
2.1 主题知识准备
法律咨询中的语言特点
2.2 语言准备
与法律咨询相关的常用词句

三、对话传译
3.0 离婚的法律咨询

四、篇章传译
4.1 手语口译
年终奖与劳动合同
4.2 口语手译
青少年的旷课行为

五、参考译文
3.0 离婚的法律咨询
4.1 手语口译
年终奖与劳动合同
4.2 口语手译
青少年的旷课行为

司法传译的特点

　　司法传译，一般是指在民事或刑事诉讼过程中，当事人或证人由于不通晓当地(国)的通用/官方语言而造成理解和表达上的困难时所得到的翻译服务。从事这一翻译工作的人被称为司法译员。从发生场合来看，司法传译包括在法庭或者其他法律环境下的各类法律传译，如警察局、监狱、移民局等。

　　司法传译中的语言专业性很强。在庭审过程经常会提及各类专业文献、专有名词和术语。法官和律师的发言也喜欢大量使用专业术语、法律行话及较为正式的话语风格。此外，法律语言经常大量使用定语和状语，且多是逻辑性强而且组织缜密的长句。长句的使用使法律条文更加明确清晰，避免纠纷的产生，体现法律语言的严谨性和准确性。但是长句却增加了需要翻译内容的复杂性，提高了译者处理信息的难度。因此司法传译对译员的语言能力和相关专业知识都提出了很高的要求。译员必须具备相关的法律知识，熟悉法律语言，了解相关的法律概念、基本术语，才能较好地胜任这项传译工作。

　　司法传译对译员的语言忠实性和精准性要求也非常高。这是因为法庭上的任何一字一词都有可能成为法官断案的关键，即使是嫌犯的口误、重复、犹豫等信息也不应该省略，译员的失误很可能引起司法机关人员的误解，甚至造成误判。所以，司法译员必须严格地、忠实地翻译原语信息，如实反映说话人遣词造句风格、语气情绪的细微变化，包括停顿、模糊措辞、自我修正、重复、迟疑等，都要忠实反应在译文中，不能加工、简化、删减或者添加任何自己的话语。

二、译前准备

2.1 主题知识准备

　　法律服务因其较强的专业性而成为手语译员工作中的难点。随着人们法律意识的提高，在众多的法律服务内容里，法律咨询是开展较多、较广的一个项目，具有普遍性。法律咨询有网络在线的，也有线下面对面的。在预习本课内容时，学员应尽可能熟悉离婚、劳动合同等主诉的内容，对涉及的专业术语要请教相关人士，正确理解词语含义。同时要了解聋人的语言表达习惯和特点，注意翻译技巧的运用。学员也可预先参考一些典型案例的分析，了解法律咨询的内容和步骤。

2.2 语言准备

请熟悉以下法律咨询常用词句：

离婚

事故鉴定/伤残鉴定/责任鉴定

起草(起诉书/协议/合同)

对……造成不良影响/造成极大损失

劳动仲裁

不良行为

违法犯罪的道路

行政处罚

所获奖金与薪资待遇无关

违反校纪校规

与社会不良人员接触

三、对话传译

3.0 离婚的法律咨询

情景介绍:

聋人小李向律师咨询离婚事宜,请你为律师和聋人之间的对话做传译。

短语与句子:

请扫描二维码,提前熟悉对话中的短语和句子。

协议离婚

去法院

离婚不是小事,要慎重

起草/草拟离婚起诉书

可否劝说他改掉酗酒的毛病

好言好语地劝说

传译练习:

请扫描二维码,根据视频内容进行传译练习。也可三人一组进行角色扮演,一位同学扮演聋人,一位扮演律师,一位为手语译员。

📖 **对话文稿**

小　李:律师|赵|你|是?好!我|离婚,咨询|怎样办。

律　师:你好!离婚可不是小事,要慎重。你能说说为什么想离婚吗?

小　李:我|老公|喝酒|要疯,打我。

律　师:哦,就这一个原因吗? ①

小　李:一个|不是|,打我|影响|孩子|有。

律　师:孩子多大了?对孩子都造成了哪些影响?

小　李:我|孩子|年龄|12,读|小学|6年级|读,快|中学。他|打我|吓|(孩子),孩子|害怕。

律　师:你能劝劝他改掉酗酒的毛病吗?

小　李:我|老公|谈|好言好语|劝说|改|多次,他|保证|以后|喝酒|我|不,我|一次|一次,现在|喝酒|忘了|他。

律　师:那有没有其他亲人可以劝说他的呢?

---

① 编者提醒:家暴是违法行为,如遭遇家暴,应尽早咨询律师,采取措施保护自己和孩子。

小　李：(摇头)难|不|我|家|一二三四(兄弟姐妹)|劝说|他，
　　　　不听|完了。我|办法|没有，再这样|我|怕|孩子|影响
　　　　|不好，决定|离婚。

律　师：那你们有没有协议离婚的想法呢？这样就不用打官司
　　　　啦。

小　李：我|老公|离婚|不愿意，说|几次|不行(摊手做无奈状)。

律　师：这样啊。

小　李：律师，求|帮我。

律　师：好，那你把身份证、结婚证、户口本还有房产证等这
　　　　些资料的原件都带给我，我来帮你起草离婚起诉书。

小　李：下次|我|来|材料|带来。谢谢！

四、篇章传译

4.1 手语口译

● 年终奖与劳动合同

情景介绍：

本段讲述了林小姐被公司派去参加联谊活动，中奖之后的风波。

短语与句子：

请扫描二维码，提前熟悉语篇中的短语和句子。

装修公司

抽奖活动

大家摩拳擦掌

抽到一等奖的事情却只字未提

公司没有任何损失

别人未必能抽到奖

提出申诉

劳动仲裁

所获奖金与本公司的薪资待遇无关

不得以此为理由辞退(她)

传译练习：

请扫描二维码，根据视频内容进行传译练习。

📖 语篇转写：

　　|指[左手]|哪|小林|装修-公司|指[他]>[这]|工作。年底，客户|邀请|公司找人|代表|参加|新年-答谢-晚会。但是，公司|大家|工作|忙|很①，领导②|派>[右手]|指[右手]|小林|参加|晚会。晚会|活动|多，有|表演、业务-交流，最后|还有|抽奖-活动。大家|摩拳擦掌，为什么|抽奖|成功|幸运，大家|瞩目|想|抽奖|成功。小林|幸运|抽奖|第一，一万元。第二天|去|公司|以后，汇报|一些②|成功②，但是|抽奖-第一——一万元|告诉|隐瞒|

　　|一周-以后，公司|领导②|小林|叫①-过来，问|抽奖-一万元|告诉>[我]|隐瞒|为什么。[转换体位]|心|不服气，我|承认|自己|抽奖-一万元，自己|幸运，公司|指[我]|没关系②，公司|损失|没有②，换|别人|抽奖|成功|不一定①|

　　|公司|领导②|看>[他]|态度|坏，开会|围绕[双手]|研究|决

定，指[他]|年底-奖金|扣除|一万元，开除|

　　|小林|接受|不能②，找|本地|劳动仲裁机构|投诉||劳动仲裁机构。看[双手，点点头]，小林|参加|客户-公司|答谢会||抽奖-奖金|公司-工资|指[右]＞[左]|没关系②，年底-奖金|公司|扣除|指[公司]|没有②|权利|借②|开除|否定|

4.2 口语手译

● 青少年的旷课行为

情景介绍：
专家讲述青少年旷课的危害。

短语与句子：
请扫描二维码，提前熟悉语篇中的短语和句子。

司法实践
没有对自己的不良行为进行矫治
《未成年人保护法》
《预防未成年人犯罪法》
旷课对于在校学生来讲，不仅是一种违反校纪校规的行为
平时旷课怎么就能跟违法联系到一起了呢
有的不良行为情节较轻
容易使自己脱离学校和家长的监管
和社会上的不良人员增加接触

传译练习：
请扫描二维码，根据音频内容进行传译练习。或两人一组，一人发言，一人练习传译。

📖 **语篇文稿：**

　　在司法实践中我们发现，一些青少年没有对自己的不良行为进行矫治，逐渐走上了违法犯罪的道路。我想给大家讲讲什么是不良行为。我国的《未成年人保护法》和《预防未成年人犯罪法》，在这些问题上都有相关规定。比如说《预防未成年人犯罪法》就讲到了有几种情形属于不良行为，对青少年而言，旷课是其中最常见的。旷课对于在校学生来讲，不仅是一种违反校纪校规的行为，同时也是《预防未成年人犯罪法》列举的不良行为。说到这你可能要问了，平时一个旷课怎么就能跟违法联系到一起了呢?

有的不良行为情节较轻，违反的是单位或者部门的相关制度、规定，并不构成违法犯罪。但这样的不良行为如果不加以矫治，不约束自己，发展下去越来越严重，就可能越来越糟，最终走上违法犯罪的道路。青少年如果经常旷课，容易使自己脱离学校和家长的监管。容易使自己和社会上的不良人员增加接触，接触多了行为会发生变化，甚至走上违法犯罪的道路。据相关统计，90%的犯罪青少年都有旷课的记录。所以说，这是非常危险的行为。

五、参考译文

3.0 离婚的法律咨询

请扫描二维码，观看这部分的参考译文。也可提出自己的不同译法。

律　师：你好！离婚|轻视|不要，谨慎。离婚|为什么|说|怎么了？

小　李：我老公经常酗酒，喝完酒就耍酒疯，还打我。

律　师：原因|一个？

小　李：嗯，就因为他酗酒，对孩子影响太不好了。

律　师：孩子|年纪？影响|孩子|什么？

小　李：我孩子12岁了，上小学6年级，马上要升初中了。他耍起酒疯打我也凶孩子，孩子很害怕，给孩子造成很大心理伤害。

律　师：他|酒|瘾|喝酒|习惯|劝说|改|可以？

小　李：我已好言好语劝说过多次了，他也保证了以后一定改，但是一喝酒就全忘了。

律　师：别的|亲戚|劝说|改|可以？

小　李：难，没人能劝了，我家兄弟姐妹也都劝过了，可他还是改不了。我这也是实在没办法，没法再继续过了。为了孩子能够健康成长，只能和他离婚了。

律　师：离婚|协议|你们|想法|有？像|这|打官司|不用。

小　李：我老公不同意离，和他说不通啊！

律　师：（做点头状。）

小　李：赵律师，我只有求你帮我了。

律　师：好，你|身份证、结婚证、户口本、房产证|全部|带给我，帮助|草|写|离婚|意见|告状|书。

小　李：我下次来的时候把材料带来。谢谢律师！

4.1 手语口译

● 年终奖与劳动合同

请阅读这部分的参考译文，也可提出自己的不同译法。

林小姐在装修公司工作。年底，一家客户邀请公司派代表参加新年答谢晚会。可公司上下都忙得不亦乐乎，领导就派小林去参加晚会。晚会上，活动很多，有表演、业务交流，最后还有抽奖活动。大家摩拳擦掌，因为抽中了表明运气好，大家跃跃欲试都想中奖。小林幸运地抽到了一等奖，当场获得奖金一万元。第二天回到公司后，她向公司领导一五一十汇报了答谢晚会的情况，但是抽到一等奖的事情却只字未提。

一周以后，公司领导把小林叫来，质问她抽到一等奖得一万元奖金，为什么没向公司汇报。小林被领导问起，心里很不服气。她承认自己是中了一万元奖金，可中奖是自己运气好，与公司无关，再说公司也没有任何损失啊。换作别人未必能抽到大奖呢。

公司领导看小林这种态度很不满，开会研究决定在她的年终奖中扣一万元，并将她辞退。

小林接受不了，她提出申诉，找到当地劳动仲裁机构申请劳动仲裁。劳动仲裁机构认为，小林参加客户公司答谢会所获奖金与本公司的薪资待遇无关，公司无权从小林的奖金中扣除这笔钱，也不得以此为理由辞退小林。

4.2 口语手译

● 青少年的旷课行为

请扫描二维码，观看这部分的参考译文。也可提出自己的不同译法。

第十五课
法律咨询2

司法译员的中立性

目前在国内，公安局和法院是手语译员经常工作的场合。在法庭上，若译员受主观情感影响而偏袒原告或被告中的任意一方，都可能对审判结果产生较大的影响。因此，在司法传译的场合，译员的中立是保证司法判决公正性的重要一环。

许多国家都制定了职业准则来规范译员的中立性。例如，澳大利亚翻译协会（AUSIT）规定："译员应遵循毫不偏袒的原则，在任何时候都要保持职业的距离。如果译员感到自己的客观性不能得到保证，就应该主动退出翻译任务。"加拿大手语传译工作者协会（AVLIC）则要求自己的会员"保持中立、公平、客观，不得因为政治、宗教、道德或哲学等原因，或出于其他带有偏见的、主观的考虑而改变原语内容"。

司法译员在司法过程中的角色一般处于"透明人"或"隐身人"的状态，然而复杂的庭审语境现实有时又需要译员从"隐身"转为"显身"。比如司法审判过程中，法官、律师是专业人士，他们熟练掌握法律语言，但被告或证人往往对法律知识了解有限，有时无法直接听懂法律术语。这时译员需要把握好自己的定位，不应自己去添加解释，而是应该忠实翻译法官或者律师的原话，同时要及时发现并提醒被告或者证人如果有不理解的地方，一定要多问。译员切忌自己想当然地添加自己的解释，而应该让法官或者律师来做出解释，确保庭审沟通双方信息对等，避免误判冤案。

司法译员在翻译过程中要确保公平公正，不介入也不应从任何方面影响审判结果，不代替法官解释法律，也不代替律师或公诉人或当事人做出任何解释。同时要严守保密原则，不在翻译之外的任何场合谈及和案件有关的信息。

二、译前准备

2.1 主题知识准备

随着经济快速发展和个人生活水平不断提高，越来越多的人开始关注个人理财和投资。本课的主题内容就侧重投资。投资的方式有很多种，国家也相继出台了很多有针对性的法律政策，对相关的概念、分类都有详细的解读。手语译员需根据服务对象的实际情况，提前进行资料查阅，做好相应准备。在准备本课内容时译员应了解投资、传销、集资等概念及区别，可参考相关案例的描述方式，了解常用语句，以便帮助聋人正确、完整的表述事实。

2.2 语言准备

请熟悉以下法律咨询常用词句：

集资

投资

融资

信用贷款

出资改善残疾人生活

传销骗局

维权难度大

这种投资赚钱快

保留好相关证据

向专业人士咨询

三、对话传译

3.0 传销骗局

情景介绍：

聋人小张误入传销骗局，为此咨询律师，请你为律师和聋人之间的对话做传译。

短语与句子：

请扫描二维码，提前熟悉对话中的短语和句子。

经别人介绍，投资了一笔钱

非常同情残疾人，想要做善事

愿意接受捐助的要先登记

会给个人账户每个月返600元钱，连续六个月

说是很名贵我就带回家了

这是多明显的传销骗局啊。

传销头目都很隐蔽，维权难度很大的

传译练习：

请扫描二维码，根据视频内容进行传译练习。也可三人一组进行角色扮演，一位同学扮演聋人小张，一位扮演律师，一位为手语译员。

📖 对话文稿

小　张：律师|你|好！去年，我|朋友|介绍|我|看|钱|好|完|投资|，现在|到现在|听说|老板|人不见了，我|应该|怎么办？

律　师：你别急，你先说说具体怎么回事。

小　张：去年底，我|朋友|介绍|说|老板|钱|好，他|有|什么|同情|聋人|残疾人|，他|想|做|善事，想|钱|拿出|帮助|残疾人|改善|生活。他|自己|说的。

律　师：哦？还有这样的好事啊？

小　张：是啊，我|觉得|这|是|好事。但是|他|直接|钱|给|不行，他|说|要求|有。

律　师：那什么要求？说说看。

小　张：老板|说，想|接受|帮助|必须|写|登记，像|姓名、手机|号码、什么|家庭住址、什么|银行卡号|交上去，还有|第二|钱|3000|做|诚|定|心|3000，东西|放|赠

送|有|值|3000。

律　师：这礼品不就相当于自己买的了嘛。

小　张：东西|全部|是|赠送。他|说|报|信息6个月|后，每人|都|会|发|600|，连续|6个月|共|3600元。但是|过|8个月|完了，一分钱|给我|没！

律　师：你领到的礼品是什么？

小　张：是|茶叶。听说|贵|他|说，我|拿家，我|家|亲戚|看(摇头)|一般|好|不|不值|钱(摊手)。

律　师：唉，这是多明显的传销骗局啊。传销头目都很隐蔽，维权难度很大。

小　张：(打自己脸)我|贪心|不，上当|受骗，现在|后悔|晚了。我|不知道|怎么办？

四、篇章传译

4.1 手语口译

● 朋友间的投资事例

情景介绍：

聋人大熊介绍两名聋人由于投资受骗、友情决裂的案例。

短语与句子：

请扫描二维码，提前熟悉语篇中的短语和句子。

投资一万元，一个月就能赚二千

这么高的回报，真是闻所未闻

银行存款利息少得可怜

要跟银行存钱比，钱存银行利息太少，还是投资赚钱多

要放弃投资，觉得真不应该，极力说服小王

找到小孙质问

你亏钱了却找我干什么，这人真是太差劲了

当初如果不是你极力劝说我参加投资，我哪能亏这么多钱呢

传译练习：

请扫描二维码，根据视频内容进行传译练习。

📖 **语篇转写：**

聋人|小孙|小王|俩|朋友|亲密|好。小孙|告诉|小王，投资|项目|好，投资|1万元|赚|2千。小王|奇怪|听|没有，钱|高|是？是|银行|存款|少|不好吃(少得可怜)。小王|心|犹豫|怀疑，等|回家|媳妇|谈谈|好？

小王|回家|媳妇|介绍|一二三四(事情的过程)，媳妇|"哪|天|白给|好事|摇头，算算|投资|一年|拿2万|4千元|利息|贵|多|很。"小王|好|比|钱|存款|困难|久|少，你|投资|赚|快。"媳妇|做犹豫状："放弃。"放弃|完了。

小孙|消息|小王|投资|封|差劲，说服："很|好，投资|钱|赚|快，你|钱|存|一天一天|价值|没有。建议|好|扔……"。

小王|做犹豫状|投|5万元。一个|月|发|利息|给(左手数1234)|停|不行|钱|发|不了。想|不对，反|找|小孙|意见："你|钱|停|咋办(双手一摊)|人|找|不了。"小孙："找|我|什么！好|赚钱|容易|我|找|你|好，现在|钱|损失|找|我|什么？人|差"。小王|看见|生气："以前|你|告诉我|说服|我|投，现在|损失|怎么办？"两人|吵架。朋友|分裂。

126

4.2 口语手译

● 如何处理投资被骗

情景介绍:

（法务人员介绍）发现投资被骗后的一些解决办法。

短语与句子:

请扫描二维码，提前熟悉语篇中的短语和句子。

参与投资发现自己被骗

准备证据

交谈记录、交易记录、收据

要及时报案

投资被骗金额达到立案标准(通常是人民币3000元以上)，就可以向当地公安派出所报案

如果是互联网投资被骗，可以向网警报案

咨询律师等熟悉相关流程的人员

相比个人去追回被骗资金来说，成功率更高

进行自我反思，不要被花言巧语蒙骗，不能贪心

传译练习:

请扫描二维码，根据音频内容进行传译练习。或两人一组，一人发言，一人练习传译。

📖 **语篇文稿:**

如果参与投资发现自己被骗了，怎么办呢？下面我给大家讲讲怎么应对。

首先要准备证据。我们的社会是法治社会，维权必须要有充分的证据。因此，要注意保留好投资被骗的相关证据，例如：你和骗子的交谈记录、交易记录、收据等，这些在你报案的时候都非常有用。

第二、就是要及时报案。如果情况不紧急，在准备好相关证据后，投资被骗金额达到立案标准(通常是人民币3000元以上)，就可以向当地公安派出所进行报案。如果情况紧急，例如刚交钱突然发现被骗，可以拨打"110"报警。如果是互联网投资被骗，可以向网警报案。

第三、咨询专业人士。如果被骗金额较大，可以咨询律师等熟悉相关流程的人员，及时报案。

第四、群体报案。如果你知道被骗的不止你一个人，你可以和其他被骗人联合起来进行集体报案或起诉，相比个人去追回被骗资金来说，成功率更高。

第五、主动配合警方，提供线索，协助警方尽早破案。

最后就是要进行自我反思，不要被花言巧语蒙骗，不能贪心，应避免再次上当受骗。

3.0 传销骗局

请扫描二维码，观看这部分的参考译文。也可提出自己的不同译法。

小　张：律师你好！去年，我经别人介绍投资了一笔钱，现在听说老板找不到了，我该怎么办啊？

律　师：着急|不，第一|具体|过程|什么。

小　张：去年底，我朋友说有个富商老板非常同情残疾人，想要做善事，捐出些钱帮助残疾人改善生活。

律　师：像|这|好|事|有？

小　张：是啊，我也觉得是好事。可是不是直接发钱那么简单啊，人家老板是有要求的。

律　师：要求|什么|说|请。

小　张：老板说，愿意接受捐助的要先登记，把姓名、电话号码、家庭住址、银行卡号等信息报上去，交3000元诚意金，就能领到老板赠送的价值3000元的礼品。

律　师：礼物|这些|等于|自己|买|。

小　张：礼品是赠送的。信息报上去6个月后，老板会给个人账户每个月返600元钱，连续返6个月共3600元。可是现在8个月过去了，我一分钱也没收到啊！

律　师：礼物|你|拿|什么？

小　张：是茶叶。发给我们的时候说是很名贵我就带回家了，可是我家亲戚来看了说就是很普通的茶，不值多少钱的。

律　师：这|传销|骗局|明显。传销|老大(右手伸拇指上移)|隐藏|技术|好，维护|权利|困难|大。

小　张：都怪我贪心，上当受骗，现在后悔也晚了。那我现在该怎么办呢？

4.1 手语口译

● 朋友间的投资事例

请阅读这部分的参考译文，也可提出自己的不同译法。

      聋人小孙和小王是很要好的朋友。小孙告诉小王，有个投资项目非常好，投资1万元一个月就能赚2千。小王一听这么高的回报，闻所未闻。小孙说：银行存款利息少得可怜。小王心想也是，却还是有些犹豫，说得回家问问媳妇。

      小王和媳妇说起这件事，媳妇说："天底下哪有这样的好事呀。"算了一下，投资1年下来就能挣2万4千元，利息够高！小王说："可不是嘛，比较一下钱存银行利息太少，投资赚钱多快。"小王媳妇很犹豫："还是算了吧。"

      小孙得知小王要放弃投资，觉得真不应该，极力说服小王："这个投资项目多好，不用出力就能赚这么多，这些钱存银行没几个利息多不值。你赶紧投吧……"

      小王经小孙这么劝说就投了5万元。得了3个月的利息后第4个月开始利息停发。小王感觉不对劲，就找到小孙质问道："投资利息怎么给我停发了？现在连人都找不到了。"小孙气愤地说："找我干嘛！有赚钱的好事我找你，你亏钱了却找我干什么，这人真是太差劲了"。小王见他这么说也生气了："当初如果不是你极力劝说我参加投资，我哪能亏这么多钱呢！你说怎么办？"就这样，他们为这事争吵不休。之后这对朋友决裂了。

4.2 口语手译

● 如何处理投资被骗

请扫描二维码，观看这部分的参考译文。也可提出自己的不同译法。

参考文献：

蔡小红. 口译评估[M]. 北京：中国对外翻译出版公司，2007.

曹嬿. 新编英汉双向口译教程[M]. 上海：上海人民出版社，2011.

冯庆华. 实用翻译教程[M]. 上海：上海外语教育出版社，1997.

何历蓉. 论"直译与意译"在英汉翻译中的对立与统一[J]. 宿州教育学院
学报，2018(04): 40-43.

雷天放，陈菁. 口译教程：学生用书[M]. 上海：上海外语教育出版社，
2013.

李飞燕. 基于个案的"直译"与"意译"比较研究[J]. 海外英语 2018(07):
137-138.

林郁如等. 新编英汉口译教程[M]. 上海：上海外语教育出版社，1999.

刘庆华，张惠玲. 等效翻译中直译与意译的结合[J]. 南昌航空工业学院学
报（社会科学版），2003(04): 63-65.

刘艳虹，顾定倩，程黎，等. 我国手语使用状况的调查研究[J]. 语言文字
应用，2013(2): 35-41.

罗媛. 直译和意译结合法翻译《背包十年》——游记翻译实践报告[D].
江西师范大学，2004.

谭载喜. 奈达论翻译[M]. 中国对外翻译出版社，1984.

肖晓燕，高昕，赵肖. 中国大陆手语传译调查——现状、问题与前景[J].
中国翻译，2018(6): 66-72

许渊冲. 译家之言[J]. 出版广角，1996(6): 92-94.

杨柳燕，苏伟. 口译教程：学生用书[M]. 上海：上海外语教育出版社，
2014.

张帆，张妍. 直译、意译与归化、异化之比较——以林语堂译文《浮生
六记》为例[J]. 英语广场，2018(07): 25-26.

张宁生. 手语翻译概论[M]. 郑州：郑州大学出版社，2009.

Nida, Eugene A. Language, Culture, And Translation[M]. Shanghai:
Shanghai Foreign Language Education Press, 1993.

Gile, D. Basic Concepts and Models for Interpreter and Translator
Training[M]. Amsterdam/Philadelphia: John Benjamins Publishing
Company, 1995.